KOMPENDIUM
Controlling, Evaluation und Reporting von Weiterbildung und Personalentwicklung

2005 - 35

Frank Sieber Bethke

KOM**PE**NDIUM

Controlling, Evaluation und
Reporting
von Weiterbildung
und Personalentwicklung

Medien-Institut Bremen

Herausgeber:

Institut zur Entwicklung moderner Unterrichtsmedien e. V.
Herdentorsteinweg 44/45 · 28195 Bremen

Druck und Gestaltung:

Dr.-Ing. Paul Christiani GmbH & Co. KG, Konstanz

ISBN 3-932229-67-3

1. Auflage 2003

Inhaltsverzeichnis

Vorwort

Alles sollte so einfach wie möglich sein – aber nicht einfacher.
Albert Einstein – deutscher Physiker

Mein Ziel für die Buchreihe KOMPENDIUM ist es, erfolgsentscheidende Personalthemen verständlich aufzubereiten.

Die Buchreihe KOMPENDIUM richtet sich an interessierte Führungskräfte und verantwortliche Vertreter der verschiedenen Personalfunktionen wie zum Beispiel Personalentwicklung und Weiterbildung, aber auch an Trainer und Schulungsbeauftragte. Dabei sollen sowohl die Neueinsteiger als auch die „alten Hasen" von dieser Reihe profitieren. Sie finden hier deswegen Bewährtes und Neues. Und dennoch: Manches setzen wir voraus oder gehen bewusst nicht weiter darauf ein, um die Themen nicht komplexer darzustellen, als sie es sowieso schon sind.

Im Vordergrund stehen leichte Lesbarkeit und praktische Umsetzbarkeit.

Wir haben ausschließlich aus Gründen der besseren Lesbarkeit darauf verzichtet, wissenschaftlich zu zitieren oder eine ausgewogene Verwendung beider Geschlechter vorzunehmen.

Fühlen Sie sich grundsätzlich frei, die Dokumente, Ideen, Techniken, Vorgehensweisen usw. aus diesem Buch auf die Bedürfnisse Ihres Unternehmens anzupassen.

Jeder Autor freut sich, wenn er als Quelle zitiert wird. Wenn Sie fallweise Informationen vertiefen möchten, kontaktieren Sie uns einfach. Ich bin sicher, dass der jeweilige Autor gerne in den Dialog tritt.

Frank Sieber Bethke   Schondorf, Januar 2003

Kontakt:

TOOLBOX & SERVICES
PERFORMANCE CONSULTING

Frank Sieber Bethke & Partner
Wiesenweg 19
86938 Schondorf a.A.

info@toolbox-and-services.com

7

1 Miss es oder vergiss es!

Konjunkturschwankungen mit rezessiven Phasen und zunehmender Wettbewerb um nationale und internationale Märkte erzeugen für Unternehmen einen starken Veränderungsdruck in Richtung auf Kunden-, Qualitäts- und vor allem auch kostenorientiertes Verhalten. Einer PE- oder Weiterbildungsabteilung kommt die Rolle zu, sich dabei auf die notwendigen Lernprozesse zu konzentrieren; gleichsam als Turbo zu wirken, um im Unternehmen bei der schnelleren Umsetzung von relevanten Erfolgspositionen zu helfen.

Gelingt der Nachweis der wertschöpfenden Funktion nicht – wird also der Nutzen von Weiterbildung und Personalentwicklung nicht augenscheinlich evident –, besteht die Gefahr, dass gerade die Budgets der Weiterbildungs- und Personalentwicklungsabteilungen dem Rotstift zum Opfer fallen – getreu dem Grundsatz: „If you are not adding value – you are adding cost!" – und Kosten sollen ja reduziert werden ...

Wer mit Bildungscontrolling anfängt, wenn es eng für das eigene Budget wird, handelt aus der Position der Rechtfertigung und hat es schwerer, auf Gehör zu stoßen. Deswegen gilt der Grundsatz: Miss es oder vergiss es!

Weiterbildung und Personalentwicklung

Bei Weiterbildung und Personalentwicklung handelt es sich um zwei grundsätzlich verschiedene Dinge. Klassische Aufgaben der Weiterbildung sind beispielsweise die Ausrichtung, Organisation und Durchführung von Lehrgängen, Seminaren, Workshops usw. Typische Aktivitäten der Personalentwicklung sind u. a. Auslandsentsendung, Nachfolgeplanung usw. Jede Weiterbildungsmaßnahme ist zwar auch immer ein Stück Personalentwicklung, aber nicht jede Personalentwicklungsmaßnahme ist gleich eine Weiterbildungsmaßnahme.

Dass vielfach unter den Begriffen Weiterbildung und Personalentwicklung das Gleiche verstanden wird, liegt daran, dass beide Bereiche auf die gleichen Wurzeln zurückgehen und dass beide Bereiche auch heute noch in der Praxis eng miteinander verzahnt sind. Für ein grundsätzliches Verständnis wollen wir an dieser Stelle einen kurzen historischen Abriss über die Reifestadien der Weiterbildung / Personalentwicklung geben.

Von den 50er- bis zu den frühen 70er-Jahren wurde in der Personalentwicklung schwerpunktmäßig von der Entwicklung des Individuums ausgegangen. Der Mensch soll der Organisation durch Schulungsmaßnahmen besser angepasst werden.

Die dominierende Fragestellung war zu Beginn noch die nach den „richtigen" Inhalten. PE heißt hier mit dem Füllhorn verstreute Weiterbildung als Belohnung oder Incentives. Mitarbeiter lassen diese als „Nachhilfeunterricht" über sich ergehen.

In den 60ern war man bereits etwas schlauer und hatte abseits der Inhalte bereits die „Effizienz der Lehrmethoden" untersucht. Es war die Geburtsstunde der professionellen Trainerausbildung.

In den frühen 70ern stand nicht das Lernen und Lehren an sich, sondern die Umsetzung am Arbeitsplatz im Vordergrund der Weiterbildungsbemühungen. Es war die Zeit der „Transferforschung". Die Erwartungen waren hochgeschraubt. Machbarkeitsfantasien hinsichtlich der Veränderung von Mitarbeitern blühten (noch). Führungskräfte spielen in Bezug auf Personalentwicklung eine sehr untergeordnete Rolle. Traditionelle Bildungsarbeit war bis dato ein gesonderter und arbeitsteiliger Vorgang.

Zeitraum	50er-Jahre	60er-Jahre	Bis Mitte der 70er-Jahre	Ende der 70er-Jahre	Seit Anfang der 80er-Jahre	Seit Anfang der 90er-Jahre	Seit Mitte der 90er-Jahre
Entwicklungsorientierung	Lehrorientiert	Lernorientiert	Transferorientiert	Problemlösungsorientiert	Werteorientiert	Autonomieorientiert	Wertschöpfungsorientiert
Dominante Fragestellung	„Was sind die richtigen Lehrinhalte?"	„Welche Effizienz haben einzelne Lehrmethoden?"	„Wie kann die Übertragung des Gelernten an den Arbeitsplatz unterstützt werden?"	„Welcher Teil des Problems kann mit Weiterbildung in Angriff genommen werden?"	„Welche Werte und Normen haben dazu geführt, dass wir dieses Problem haben?"	„Was hindert/fördert in unserem Unternehmen die Auseinandersetzung, auf neue Frage- oder Problemstellungen Antworten zu finden?"	„Welchen Beitrag liefern PE und Weiterbildung zur Entwicklung von Wettbewerbsvorteilen und strategischen Erfolgspositionen?"
Typische Weiterbildungsaktionen	Aneinanderreihung von Themenblöcken in durchstrukturierten Seminaren	Aktivitätspädagogischer Lehrmethoden-Mix	Unterrichtseinheiten mit individuellen Einführungsfähigkeiten und unterstützender Transferberatung	Problemklärungsworkshops	Problemklärungsworkshops mit der Frage nach problembegründeten Werten	Thematische Untersuchung der Erscheinungsformen organisatorischen Lernens mit positiver und negativer Wirkung	Fokus auf klar abgegrenzte Projekte mit klarer Zielsetzung und messbarem Wertschöpfungsbeitrag
Rolle der Führungskraft	Keine	Keine	Vor- und Nachbereitungsgespräche mit dem Teilnehmer	Zentrale Rolle als Schlüsselperson für Weiterbildung der Mitarbeiter	Zentrale Rolle als Schlüsselperson für betriebliche Sozialisationsprozesse	Zentrale Rolle als „Agent für individuelles und organisationales Lernen"	Zentrale Rolle als Manager für die Wertentwicklung des Organisations- und Humankapitals
Rolle des Trainers	Experte von Lehrinhalten	Zusätzlich: Experte im Methodeneinsatz	Zusätzlich: Experte in Vorbereitung von Innovationsprozessen	Zusätzlich: Experte von Lern- und Problemlösungsprozessen	Zusätzlich: Kompetenz der Normen- und Werteidentifizierung	Zusätzlich: Kompetenz der Wahrnehmung und Bearbeitung von lernhemmenden und -fördernden Strukturen und Systemen in Unternehmen	Zusätzlich: Analyst und Berater bzw. Koordinator in der Umsetzung wertschöpfender Maßnahmen

Abbildung 1: Reifestadien der Weiterbildung

Mit Beginn der späten 70er-Jahre kam auch die Ernüchterung. Die Erwartungen bzw. Versprechungen konnten nur in begrenztem Rahmen eingelöst werden. Es begann die Abkehr von „Weiterbildung by Füllhorn", hin zu einer Bedarfsorientierung. Die Feststellung, dass nicht jedes Problem ein „Bildungsproblem" ist, und die Frage, welcher Teil des Problems überhaupt mit Weiterbildung bearbeitbar ist, prägte maßgeblich die Arbeit von Weiterbildungsabteilungen. Mithilfe von Führungskräften, Mitarbeitern und der PE wurden konkrete Anforderungen definiert und maßgeschneiderte Entwicklungsmaßnahmen angeboten. Die Rollen verändern sich, Personalentwicklung wird als Dienstleister für Personen und Unternehmenseinheiten gesehen.

In den 80ern dominierte die Fragestellung nach den kulturellen Aspekten und deren Bedeutung für die damals aktuellen Problemstellungen. Teamentwicklung, Moderation wurden ins Methodenrepertoire vieler Weiterbildner übernommen.

In den 90ern verschiebt sich Personalentwicklung (PE) zunehmend in Richtung Organisationsentwicklung (OE). Lernen bzw. Veränderung sind als längerfristige – nicht punktuell zu betrachtende – Prozesse erkannt. Langsam setzt sich die Erkenntnis durch, dass PE ohne Kopplung mit OE immer nur halbe Ergebnisse produziert.

Führungskräfte bekommen mehr Verantwortung, operativ Personalentwicklung zu betreiben, stehen dem aber bedingt durch die eigene Sozialisation zum Teil hilflos gegenüber. Der Auftrag an die PE (zumeist noch aus der Literatur) lautete: Mitwirkung bei der Strategieerstellung sowie längerfristige Unterstützung der Mitarbeiter und der Organisation für die Erreichung der strategischen Ziele durch ein Gesamtkonzept. Inklusive der dazu eventuell notwendigen Initiierung bzw. Begleitung von Veränderungsprozessen. In der Praxis wurde dieser Auftrag vielfach nur halbherzig übertragen bzw. übernommen.

In vielen Unternehmen sind die Weiterbildungs- und Personalentwicklungsrealitäten nur verbal mit den dominierenden Fragestellungen gewachsen. Der Begriff „Personalentwicklung" ist plastische Chirurgie für Schulungsabteilung. Seit den späten 90ern – spätestens aber seit Beginn des neuen Jahrtausends wird die Fragestellung immer lauter, welchen konkreten Beitrag denn nun Weiterbildung und Personalentwicklung zu strategischen Erfolgspositionen des Unternehmens übernehmen oder welcher Wertschöpfungsbeitrag erzielt wird.

Die Antworten bleiben zumeist dünn. Die gemeinhin als Bildungscontrolling betitelten Zufriedenheitsanalysen und ex ante durchgeführten legitimationsorientierten Reportingaktivitäten sind dieser Anforderung nicht gewachsen.

11

2 Personalentwicklung und Weiterbildung rechnen sich

Die traditionellen Formen des Wettbewerbvorsprungs durch Technologie oder durch Produktmerkmale kommen immer weniger zum Tragen. Der elementare Vorteil liegt im Menschen.

Zu Recht werden die Ausgaben für Weiterbildung und Personalentwicklung als Investitionen in Humankapital bezeichnet. Es ist durchaus lohnend, in diesem Vergleich zu bleiben und den Gedanken etwas weiter zu spinnen: Investitionen – so das allgemeine Verständnis – sind Ausgaben, die in Erwartung auf zukünftige Gewinne getätigt werden. Eine Investition wird dort getätigt, wo der zu erwartende Output größer ist als der Input. Übertragen auf Weiterbildung und Personalentwicklung bedeutet dies, dass den verwandten Mitteln ein spürbar höherer Nutzen gegenüberstehen sollte. Ist das denn auch tatsächlich so?

Wenn Sie alle Aktien eines Unternehmens kaufen könnten und den Kaufpreis aller Aktien dieses Unternehmens addieren, dann wüssten Sie, was das Unternehmen auf dem Markt wert ist. Wenn Sie diesen Marktwert mit dem Buchwert[1] vergleichen, würden Sie feststellen, dass der Marktwert entweder

▨ niedriger ist als der Buchwert oder
▨ höher ist als der Buchwert.

Ist der Marktwert niedriger als der Buchwert, dann haben Sie für das Unternehmen weniger Geld bezahlt, als allein die materiellen Güter (Barvermögen, Immobilien, Forderungen usw.) wert sind. Ist der Marktwert höher als der Buchwert, dann haben Sie für das Unternehmen mehr Geld bezahlt, als die rein materiellen Güter darstellen.

In beiden Fällen haben Sie einen Differenzbetrag. Um es nicht allzu spannend zu machen: Die Ursache dafür liegt darin, dass der Wert eines Unternehmens nicht ausschließlich im bilanzierten Buchwert zu finden ist. Eine andere Komponente, die Sie bezahlen, nennt man intellectual capital – zu Deutsch: das intellektuelle Kapital. Dieses lässt sich aufschlüsseln. Es besteht aus:

▨ den Mitarbeitern mit ihrem Know-how und ihren kreativen Ideen (Humankapital),
▨ der Fähigkeit, bestimmte Dinge besser oder schneller zu machen als andere (Organisationskapital), und
▨ natürlich auch Aspekten, wie z. B. die Bekanntheit einer Marke bzw. der Kundenstamm als solcher (Kundenkapital).

---

[1] Der bilanzierte Buchwert ist der steuerrechtliche Wert in Geld, mit dem das Unternehmen seine Vermögens- und Schuldpositionen in die Bilanz aufnimmt.

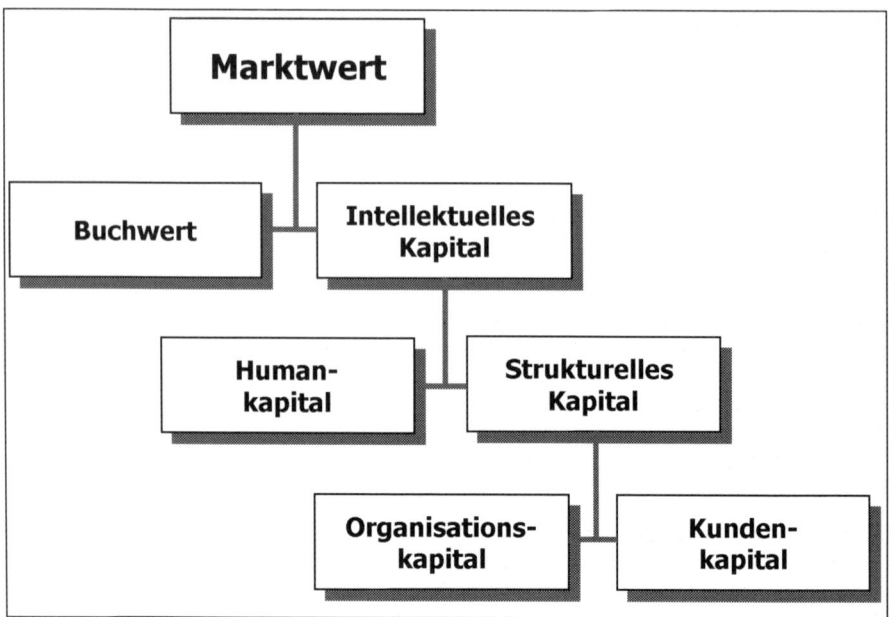

Abbildung 2: Humankapital

Dass intellectual capital ein wesentlicher Faktor für den wirtschaftlichen Erfolg eines Unternehmens ist, wird spätestens dann klar, wenn Sie tatsächlich ein Unternehmen kaufen und plötzlich alle Mitarbeiter dieses Unternehmen verlassen würden. Denn das, was übrig bleibt, ist nicht mehr als ein Haus mit gebrauchten Büromöbeln und einer überholten Technik.

Diese Überlegung hat übrigens bereits in vielen Unternehmen Eingang gefunden. Modernes Berichtswesen ist nicht ausschließlich auf die finanzielle Komponente beschränkt. Die so genannte Balanced Scorecard (zu Deutsch etwa: ausgewogener Berichtsbogen) trägt genau diesem Gedanken Rechnung und stellt Kennzahlen für Mitarbeiter (= Humankapital), Kunden (= Kundenkapital) und Prozesse (= Organisationskapital) gleichberechtigt neben die Kennzahlen für Finanzen.

Unabhängig davon, ob man mit einer Balanced Scorecard arbeitet oder nicht – die Mitarbeiter differenzieren die Produktqualität. Bei Dienstleistungsunternehmen gilt dies noch mehr als für beispielsweise Unternehmen der produzierenden Industrie. Diese Erkenntnis hat sich auch immer wieder in Studien niedergeschlagen, die in den vergangenen Jahren veröffentlicht wurden.

Investition in Humankapital zahlt sich aus

Im Rahmen einer ASTD-Studie aus dem Jahr 1996 unter 540 US-Firmen wurde der Zusammenhang von Fortbildungspraktiken und Finanzergebnissen untersucht. Erstmals konnte ein signifikanter Zusammenhang zwischen den Investitionen in Aus- und Fortbildung und dem Finanzergebnis von Unternehmen hergestellt werden. Das war der erste konkrete Beweis dafür, dass Unternehmen, die in betriebliche Fortbildung investieren, erfolg- und ertragreicher arbeiten.

Im Vergleich konnten so einige interessante Benchmarks gewonnen werden. Zur Vorhersage künftiger Finanzergebnisse wurden folgende Indikatoren als maßgebliche Erfolgsparameter festgeschrieben. Die Spitzenunternehmen

- investieren bis zu 6 % der Lohn- und Gehaltskosten für betriebliche Weiterbildung (zum Vergleich: in Deutschland liegt der Invest bei ca. 2 %–5 %).
- Durchschnittlich 85,9 % der Mitarbeiter werden pro Jahr geschult.
- Es werden 11 %–18 % mehr externe Schulungsanbieter in Anspruch genommen als der restliche Branchendurchschnitt.
- Innovative Schulungssysteme werden gleichzeitig mit innovativen Leistungs- und Vergütungssystemen angewandt.
- Zur Vermittlung von Lerninhalten werden modernste Technologien wie bspw. Internet, CBT, unternehmenseigene Netze genutzt.

Die Spitzenunternehmen in der Studie erzielten im Vergleich zum letzten Drittel insoweit

- einen 57 % höheren Nettoumsatz pro Arbeitnehmer,
- einen 37 % höheren Bruttoumsatz pro Arbeitnehmer,
- 20 % höheres Verhältnis von Markt- zu Buchwert.

Eine Studie der Düsseldorfer Unternehmensberatung WATSON WYATT aus dem Jahr 1999 unter rund 200 Unternehmen brachte ebenfalls interessante Erkenntnisse zu Tage: Firmen mit einem ausgefeilten Human Resources Management konnten eine acht Mal höhere Steigerung ihres Shareholder Value erwirtschaften als Unternehmen, die ihre Personalentwicklung vernachlässigten.

Es gibt eine große Zahl weiterer Untersuchungen neben der von WATSON WYATT oder ASTD, die den Zusammenhang von Humankapital und wirtschaftlichem Erfolg belegen. Nicht zuletzt sind deswegen auch die Bemühungen des Human Capital Club e. V. zu nennen, dessen Ziel es u. a. ist, verbindlich Humankapitalbilanzen zu fordern und Manager an der Wertentwicklung des Humankapitals zu messen.

3 Evaluation

Der Begriff „Evaluation" kommt aus dem Lateinischen und bedeutet so viel wie „bewerten". Evaluation ist ein Forschungszweig der Psychologie. Bei der Evaluation geht es darum, die Effizienz und die Kosten von Maßnahmen, Programmen usw. zu beurteilen.

Erfolgsevaluation

Die Grundidee der Evaluation gibt interessante Aufschlüsse zu Fragestellungen, nach welchen Kriterien wir beispielsweise Unternehmenserfolg beurteilen. Klassische Controlling-Ansätze wählen hierzu so genannte quantitative Faktoren, also betriebswirtschaftliche Resultate, wie z. B. die Erhöhung der Produktivität oder die Ertragssteigerung.

Diese quantitativen Resultate sind aber immer der Ausfluss unseres qualitativen Unternehmenserfolges, den wir beispielsweise in der Zufriedenheit oder Kauftreue unserer Kunden oder an der Qualität unserer (Dienst-)Leistung messen können. Die Ergebnisse unseres Unternehmenserfolges korrelieren mit den qualitativen Faktoren dahingehend, dass Letztere die Ersten überhaupt erst ermöglichen. Neuere Controlling-Ansätze, wie bspw. die Balanced Scorecard, sind u. a. auch auf diese Erkenntnis zurückzuführen.

Bildungsevaluation

Analog geht es bei der Evaluation von Weiterbildung und Personalentwicklung um die ganzheitliche – pädagogische und ökonomische – Bewertung des (Bildungs-)Erfolges. Dabei steht die Bewertung von Aktivitäten zur Verbesserung von quantitativ erfassbaren Bereichen (z. B. Verkaufszahlen, Fehlerquoten usw.) gleichberechtigt neben der Bewertung von Maßnahmen zu qualitativen Aspekten (z. B. Betriebsklima, Führung, Zusammenarbeit usw.).

Der Zweck einer Evaluation kann ganz unterschiedlich motiviert sein, wie sich leicht aus Abbildung 3 ersehen lässt. Übrigens: Manager interessiert äußerst selten, ob eine PE- oder Weiterbildungsmaßnahme experimentell fundiert ist oder was unter Kontrollgruppe und Zufallsverteilung zu verstehen ist. Hellhörig werden sie, wenn plausibel begründet wird, was eine Maßnahme „bringt". Hier helfen die vier – pädagogischen – Evaluationsebenen. Ob sich die Maßnahmen allerdings auch „lohnen", ist eine Frage der Bemessung eines Maßnahmeerfolges in monetären Komponenten. Hierauf gibt die ökonomische Evaluation Antwort.

3.1 Pädagogische Evaluation

Zur pädagogischen Bewertung des Erfolges von Weiterbildung und Personalentwicklung orientieren wir uns am klassischen Modell von DONALD L. KIRCKPATRICK. Demnach lässt sich der (Bildungs-)Erfolg auf den folgenden vier Ebenen evaluieren:

Bildungsevaluation = Erfolgsbewertung

Pädagogische Seite

Möglicher Zweck:
Dokumentation des Lehrerfolgs
Anreiz der Lernmotivation
Nachweis des Lernerfolgs
Hinweise zu Bedarf
...

Ökonomische Seite

Möglicher Zweck:
Ressourcen-Gewinnung
Ressourcen-Bemessung
Rechenschaftslegung
Effizienz-Nachweis
...

Abbildung 3: Pädagogischer und ökonomischer Zweck von Bildungsevaluation

* Zufriedenheit
* Lernen
* Transfer
* Output

Sachgemäß wirft jede Erfolgsebene andere Fragestellungen auf, erfordert eigene Instrumente sowie eine unterschiedliche Vorgehensweise zur Erfolgsmessung, wie Abbildung 4 zeigt.

Aus dem Zusammenspiel der verschiedenen Ebenen lässt sich ersehen, dass eine umfassende Evaluation ermöglicht zu erkennen, ob

* der richtige Bildungsbedarf erkannt wurde,
* dieser Bildungsbedarf in geeigneter Form dargeboten und vermittelt wurde und
* in welcher Qualität und Quantität er umgesetzt wurde.

Dies erscheint zunächst aufwändig, die Konsequenzen des Nicht-Evaluierens hingegen sind: Verlust von Einfluss, Schmälerung von Budgets, nachlassende Unterstützung des Top-Managements usw. Evaluation hat ihren Preis. Sie kostet Zeit und Geld. Sie sollten prüfen, was bzw. wie Sie evaluieren wollen.

3.1.1 Zufriedenheit

Auf der ersten Evaluationsebene erfolgt eine Bewertung darüber, ob – und in welcher Ausprägung – Zufriedenheit über die Maßnahmen und Aktivitäten der Weiterbildung und Personalentwicklung herrscht.

Ebene	Definition	Instrumente
Zufriedenheit	Bewertung, in welcher Ausprägung Zufriedenheit über die Maßnahmen und Aktivitäten herrscht	Feedback-Bogen Stimmungsbarometer Abschlussblitzlicht Informelle Gespräche ...
Lernen	Bewertung, ob und in welchem Umfang (Lehr- und Lern-)Ziele erreicht sind	Test Prüfung Rollenspiel Demonstration ...
Transfer	Bewertung über den Grad ▨ der Anwendung von Wissen, ▨ der Umsetzung von Fertigkeiten, ▨ des An-den-Tag- Legens von Ein- stellungen	Feldbeobachtung Tätigkeitsstichproben 360°-Feedback Testkäufe Mystery Calls Mitarbeiterbefragung Kundenbefragung ...
Output	Bewertung über das Ausmaß einer Ziel- erreichung	Dokumentenanalysen Zielerreichungsanalyse Kennziffernvergleiche Befragung ...

Abbildung 4: Evaluationsebenen

In nahezu allen Feldern der betrieblichen Weiterbildung findet eine Zufriedenheits-messung statt. Als Instrumentarium werden die verschiedensten Formen der mündli-chen und schriftlichen Befragung verwandt. Weite Verbreitung bei der Feststellung von Zufriedenheit haben vor allem **informelle Gespräche**, die klassische **Mitarbeiter-befragung** oder Vorgehensweisen wie zum Beispiel das **Stimmungsbarometer**, das **Seminarblitzlicht** und Instrumente wie der **Feedback-Bogen**.

Der Feedback-Bogen – um was es geht

Der Feedback-Bogen ist wohl das am weitesten verbreitete Evaluierungsinstrument überhaupt. In der Regel wird auf einem Feedback-Bogen die Zufriedenheit abgefragt, z. B. von den Teilnehmern einer Veranstaltung mit

▓ dem Trainer,
▓ den Inhalten einer Veranstaltung

sowie mit der

▓ Unterkunft,
▓ Verpflegung und
▓ Veranstaltungsräumen.

Der Umfang der Skalierung von Antwortmöglichkeiten ist eine Frage der Philosophie. Grundsätzlich ist anzuraten, eine gerade Anzahl an Möglichkeiten zu finden, um Tendenzen zur mittleren Antwort zu vermeiden. Ob Sie dann lieber nach dem bewährten Schulnotenprinzip verfahren wollen oder lieber eine Tendenzaussage wünschen, bleibt der konkret verfolgten Absicht des Bogens überlassen.

Der Feedback-Bogen = Bildungscontrolling?

Aufgrund der hohen Standardisierung von Feedback-Bögen ist weitgehend eine unkomplizierte Auswertung möglich. Die Verdichtung aller Bögen zu einem Reporting mit dem Ziel der Dokumentation des „Erfolgs" gegenüber Dritten nennt man **legitimationsorientierte Evaluation**. Diese Form der Evaluation findet sich leider in der Praxis noch sehr häufig – vor allem aber dort, wo eine starke Angebotsorientierung der Weiterbildung zu finden ist und die Aktivitäten regelmäßig unter einem hohen Legitimationsdruck stehen.

Der Feedback-Bogen – ein Happiness-Sheet?

Bei kritischer Betrachtung wird der Feedback-Bogen gerne einmal als „Happiness-Sheet" bezeichnet. Dies ist sicherlich auch darauf zurückzuführen, dass im Rahmen der so genannten **seminarorientierten Evaluation** vorrangig die individuelle Zufriedenheit mit der konkreten Maßnahme abgefragt wird. Fragen des Transfers und Kosten-Nutzen-Aspekte hingegen werden zwar manchmal berücksichtigt, aber meistens nicht weiter nachgehalten.

Erschwerend kommen angebliche Forschungsergebnisse hinzu. So soll eine Studie der Universität Dortmund belegen, dass die Zufriedenheit eines Seminars zu 80 % von der Zufriedenheit mit den Räumlichkeiten und der Qualität der Speisen zusammenhängt. Erfolgsfaktor Essen und Trinken ist wohl nicht das, was man sich erhofft, wenn man einen Bildungsprozess anstößt. Und so erschreckend es zuerst einmal klingt, ganz praktisch betrachtet scheint dieses Ergebnis durchaus vorstellbar.

Der Versuch, dieser Erkenntnis Rechnung zu tragen und mehr Qualität aus den Feedbacks zu ziehen, kapriziert sich in einem mehrstufigen Vorgehen. Bei einem großen Unternehmen aus der Telekommunikationsbranche wurden so genannte Heiß-, Warm-, Kaltabfragen durchgeführt. Im Anhang finden Sie ein Beispiel für solche Feedback-Bögen.

Dabei steht der Begriff „Heißabfrage" für das erste Resümee am Seminarende, wenn die Eindrücke noch frisch sind.

Die „Warmabfrage" erfolgt 2–4 Wochen nach der Veranstaltung und soll die Veranstaltung noch einmal – jetzt aber aus der kritischen Distanz beleuchten.

Die „Kaltabfrage" nach ca. 3 Monaten fokussiert die Fragestellung: „Was ist aus der Veranstaltung an Verwertbarem hängen geblieben?"

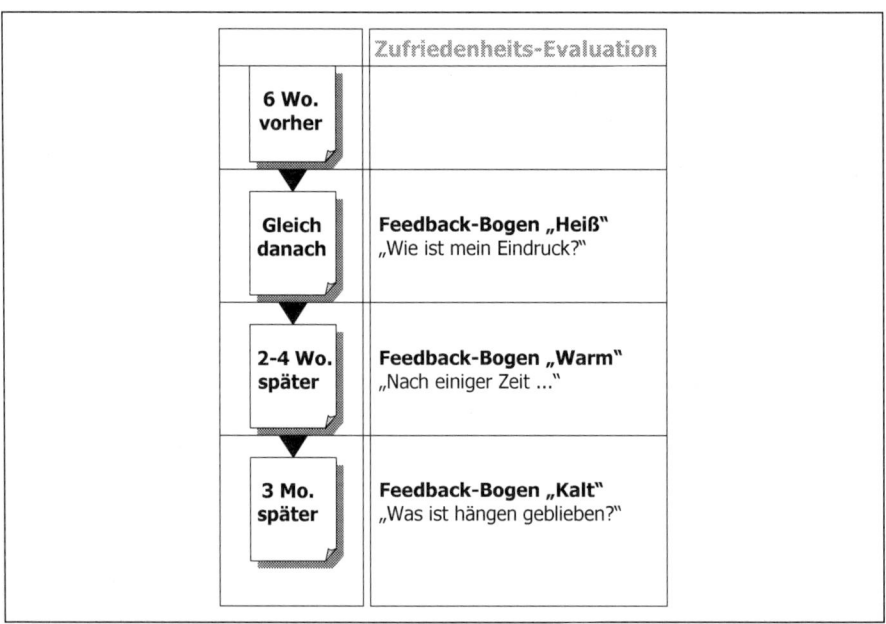

Abbildung 5: Heiß-, Warm-, Kaltabfrage

So charmant die Idee an sich ist, so unpraktisch erweist sie sich im Tagesgeschäft. Die nachhaltige Etablierung eines solchen Systems erfordert zumeist einen kulturellen Kraftakt und da stellt sich die Frage nach der Verhältnismäßigkeit der Mittel. Darüber hinaus werden Rücklaufquoten von 100 % schwerer erreichbar und die Wahrnehmung von Weiterbildung und Personalentwicklung verschiebt sich in Richtung Verwalter.

Der Feedback-Bogen hat sich bewährt

Trotz aller Kritik, wollen die meisten Weiterbildner nicht auf das Instrument Feedback-Bogen verzichten. Zu Recht, wie wir meinen, denn ein Feedback bietet einige Vorteile. So ist ein Feedback-Bogen zunächst einmal ein Signal an die Teilnehmer einer Veranstaltung, dass die Qualität einer Veranstaltung überprüft wird. Entscheidend ist dabei die Umsetzung in die Praxis – wenn auf ein kritisches Feedback keine Reaktion erfolgt, wird irgendwann der Feedback-Bogen nicht mehr ernst genommen werden.

Ein ehrlich ausgefüllter Feedback-Bogen hilft den Trainern und dem Weiterbildungspersonal Ansatzpunkte zu finden, um die Maßnahme zu verbessern.

Nicht zuletzt ist ein Feedback-Bogen auch deswegen wichtig, weil Entscheidungen des Top-Managements manchmal ausschließlich auf der Grundlage dessen gefällt werden, was sie über eine Veranstaltung oder ein Programm gehört haben. Dabei können Einzelmeinungen – im Positiven wie im Negativen – das Bild der Wirklichkeit deutlich verzerren.

Viele Weiterbildner und Personalentwickler suchen immer wieder einmal nach dem „optimalen Feedback-Bogen". Doch *den* Bogen gibt es nicht.

Die Qualität eines Feedback-Bogens entscheidet sich letztendlich in der Nachhaltigkeit der Handhabung. Ein Feedback-Bogen sollte auch deswegen stets auf die individuellen Bedürfnisse maßgeschneidert werden – einen Leitfaden zur Entwicklung eines individuellen Feedback-Bogens finden Sie in der Abbildung 6.

Erfahrene Praktiker, wie zum Beispiel Jens-Uwe Martens, weisen allerdings regelmäßig darauf hin, dass die Zufriedenheit der Teilnehmer nur in Extremfällen etwas mit der tatsächlichen Lernleistung zu tun hat.

3.1.2 Lernen

Auf der zweiten Evaluationsebene wird festgestellt, ob und in welchem Umfang Lernen stattgefunden hat. Lernerfolg kann bedeuten, dass

▪ der Umfang oder das Ausmaß von Wissen erweitert wurde,
▪ dass Teilnehmer praktische Fähigkeiten oder Fertigkeiten erworben haben oder
▪ eine Einstellungsänderung vollzogen wurde.

Im pädagogischen Bereich spricht man hier auch von kognitiven, motorischen und affektiven Lernzielen (umgangssprachlich sprechen wir hier von Kopf, Hand und Herz). Entsprechend unterschiedlich sind die Instrumente zur Evaluierung von Lernerfolg. Um den Wissenszuwachs zu beurteilen, verwendet man regelmäßig die verschiedenen Formen von **Tests und Prüfungen**. Für die Überprüfung erlernter Fähigkeiten und Fertigkeiten bietet sich zusätzlich noch die **Arbeitsprobe** und die **Demonstration** an. Eine Änderung von Einstellung lässt sich nur mit einschlägigen **psychologischen Verfahren** überprüfen. In der Praxis wird eine Einstellungsänderung allerdings zumeist am **beobachtbaren Verhalten** bewertet. Hier hat es sich bewährt, Teilnehmer in **Rollen-**

Job-Aid

Leitfaden zur Entwicklung eines individuellen Feedback-Bogens

Eine nachhaltige Implementierung eines Feedback-Bogens benötigt seitens der Weiterbildung oder Personalentwicklung Durchhaltevermögen, auch – oder besser: gerade bei Kritik und Verweigerung.

1. Werden Sie sich klar darüber, was Sie wollen

- Bestimmen Sie das Ziel, das Sie mit dem Feedback-Bogen verfolgen.
- Definieren Sie die Inhalte, die Sie erfragen möchten.
- Einigen Sie sich auf **einen** Bogen (Vergleichbarkeit über Zeiträume!).[1]
- Formulieren Sie ein hohes, aber realistisch erreichbares Ergebnisniveau für Trainer.

2. Klären Sie wichtige Design-Parameter

- Verbindlich auszufüllendes Namensfeld? (Nachfragen bei „Auffälligkeiten")
- Skalierung der standardisierten Antworten (Tendenz zur Mitte? Schulnotenprinzip?)
- Umfang für schriftliche Kommentare und Vorschläge (Auswertung?)

3. Nehmen Sie externe und interne Trainer in die Pflicht

- Trainer müssen Zeit zum Ausfüllen in der Veranstaltung einplanen.
- Mündlich darauf hinweisen (lassen), dass Sie auf ehrliche Antworten wert legen.
- Immer (!) sofort (!!!) 100% (!!!) der Feedback-Bögen einholen (lassen).
- Mündliche Feedbackrunde nach (!) dem Ausfüllen der Feedback-Bogen.

4. Auswertung der Feedback-Bögen

- Informationen in Datenbank erfassen.
- Feedback nach Mustern durchforsten, die Aufschlüsse geben zu:
  - Was hat in der Veranstaltung wie vorgesehen funktioniert/was nicht?
  - Welchen Effekt hat die Veranstaltung bewirkt/ggf. auch nicht bewirkt?
  - Welche Verbesserungen wurden vorgeschlagen?
- Ergebnis mit dem erwarteten Ergebnisniveau vergleichen.
- Nachbesprechung der Feedback-Bögen (Auftraggeber und Trainer).

5. Die Bögen ernst nehmen, Rückmeldungen bearbeiten

- Bei Auffälligkeiten nachhaken.
- Nachlässige Handhabung sanktionieren – keine (!) Ausnahmen akzeptieren.

---

[1] *Im Einzelfall sollten Sie auch einen Feedback-Bogen mit konkretem Zuschnitt auf die spezielle Maßnahme entwickeln.*

Abbildung 6: Leitfaden zur Entwicklung eines individuellen Feedback-Bogens

spielen anhand konkreter Checklisten zu beurteilen bzw. von den anderen Teilnehmern beurteilen zu lassen.

Prüfungen und Tests – weiter verbreitet, als man glaubt

Für die Evaluationsebene Lernen gibt es objektive Messkriterien, wie zum Beispiel das Bestehen einer Prüfung oder etwas feiner: der Punkte- bzw. Notendurchschnitt. Gerade bei wissensvermittelnden Seminaren und Veranstaltungsreihen hat sich die Lernerfolgskontrolle durch einen Wissenstest sehr bewährt. Insbesondere der Einsatz von Multiple-Choice-Testreihen lässt die schnelle und objektive Beurteilung auch über große Fachgebiete zu.

Aber auch sonst hat sich die Bewertung von Lernerfolg weitreichend etabliert: Denken Sie dabei an die Ergebnisse von Abschlussprüfungen im Rahmen der betrieblichen Erstausbildung oder andere Maßnahmen der Fort- und Weiterbildung wie z. B. die Erlaubnis, einen Gabelstapler zu fahren, Gefahrengut zu transportieren u. v. a. m.

Prüfungen und Tests – auf was man achten sollte

Um vom Lernen unabhängige Einflüsse weitgehend zu isolieren, empfiehlt es sich, die einschlägige Literatur zu Test-Theorie zu vertiefen. Vielleicht etwas pragmatischer ist die folgende Empfehlung: Führen Sie gleichartige Prüfungen zu Beginn und am Ende der Veranstaltung durch oder bilden Sie Kontrollgruppen, die nicht an den Maßnahmen teilnehmen, und vergleichen Sie die signifikanten Unterschiede der Testergebnisse. Doch bedenken Sie: Beide Verfahren sind recht zeit- und damit natürlich auch kostenaufwändig.

Tests erinnern viele Menschen in Deutschland stark an das Lernen zu Schul- oder Hochschulzeiten – ein Lebensabschnitt, der mit dem Eintritt ins Berufsleben für viele endgültig abgeschlossen ist. Und dennoch: Die Dokumentation der Ergebnisse von Weiterbildungsveranstaltungen in einem Zeugnis oder Zertifikat stößt bei Teilnehmern im Allgemeinen auf Zustimmung. Meistens weil sich so mancher davon Vorteile bei künftigen Bewerbungen innerhalb oder außerhalb des Unternehmens verspricht.

Es stellt sich die Frage, ob die Erhebung des Lernerfolges den (teilweise erheblichen) Aufwand rechtfertigt, denn das Unternehmen profitiert nicht von dem Gelernten an sich, sondern erst von der Umsetzung des Gelernten, dem Transfer.

3.1.3 Transfer

Tests sind sehr gut geeignet, um Wissenszuwachs zu überprüfen. Was für Unternehmen aber wirklich zählt, ist die Frage, ob mit dem Gelernten die Arbeitssituation besser bewältigt wird als vorher. Der Maßstab für gelungene Weiterbildung ist also nicht im Erwerb eines Zertifikates zu sehen, sondern im Transfer des Gelernten auf die praktische Tätigkeit.

Auf der dritten Evaluationsebene beschäftigten wir uns mit den verschiedenen Fragestellungen des Transfers. Transfer – in diesem Zusammenhang – umfasst alle Interventionen (vor, während und nach einer Maßnahme), welche die Anwendung des Erlernten in der Praxis zum Ziel haben. Dabei unterscheiden wir die Begriffe Lerntransfer und Transfer.

Mit Lerntransfer ist die Fähigkeit gemeint, das erlernte Wissen unter ähnlichen oder gleichen Bedingungen erneut zu zeigen – beispielsweise in einem Rollenspiel oder in einer Übung.

Der Erfolg betrieblicher Bildungsarbeit bemisst sich allerdings weniger an den Lern- und Transferergebnissen innerhalb der Maßnahmen, sondern erst danach. Als Instrumentarium zur Unterstützung von Transfervorhaben finden sich in vielen Häusern die mittlerweile schon als „klassisch" zu bezeichnenden Instrumente wie zum Beispiel der **Transferplan**, der so genannte **letter-to-myself** oder der **Vertrag mit sich selbst**, die im Anhang als Muster beiliegen.

Bei der konkreten Umsetzung des Erlernten in die Praxis geht es zumeist immer auch um eine Verhaltensänderung. Dies sollte angegangen werden. Im Gegensatz zu gutem Wein werden Skills nicht durch lange Lagerzeiten besser. Auf die schnelle Umsetzung des Gelernten kommt es an. Eine nachhaltige Verhaltensänderung wird im Regelfall erst nach einer gewissen Zeit als stabil gegen Störung gewertet. Aus diesem Grund wird der Transfer auch mit einem Zeitabstand von 14 Tagen bis 3 Monaten gemessen. Die häufigste Form der **Transferevaluation** ist die schriftliche oder mündliche Befragung, zum Beispiel im Rahmen eines **Transfergespräches**, oder etwas seltener in Form eines **360°-Feedbacks**. Zuverlässige Ergebnisse bietet auch die **Beobachtung** – beispielsweise durch den Vorgesetzten.

Problematik des organisierten Lernens oder selbst gemachtes Dilemma?

Allen Unkenrufen zum Trotz ist das klassische Training aber nicht tot. Es ist nach wie vor eine zentrale Form der betrieblichen Weiterbildung und Personalentwicklung. Allerdings bleibt durch die Trennung von Lernfeld und Arbeitsfeld das Transferproblem bestehen. Und: Unternehmen sind nach wie vor in erster Linie daran interessiert, dass ihre Mitarbeiter nach der Rückkehr von einem Training einen Transfer zu verzeichnen haben. Mit dem Ausmaß des Transfers steigt und fällt für Unternehmen der Wert der Maßnahme.

Die beste Form der Transfersicherung besteht darin, organisiertes Lernen und praktisches Arbeiten miteinander zu verknüpfen. Zunehmend lösen Mitarbeiter mit Unterstützung durch Trainer oder Coaches konkrete Probleme an ihrem Arbeitsplatz. Diese Methode hat darüber hinaus auch noch weitere Vorteile im Vergleich zu einem Training, wie zum Beispiel Zeitersparnisse, einen hohen Behaltensgrad usw.

Es ist offensichtlich, dass der Erfolg von Trainingsmaßnahmen nicht als von der Umwelt losgelöstes Konzept gewährleistet werden kann. Bei dieser Art des Lernens sind zur Transfersicherung insbesondere die jeweiligen Führungskräfte der Mitarbeiter gefragt. Vollzieht sich ein gewünschter Transfer nicht, so sind folgende mögliche Quellen denkbar:

- Lehrstoff und Gestaltung des Seminars
- kulturelle und kollegiale Hemmnisse
- organisatorische Transferhürden

Transfersicherung

Ein gutes Training endet nicht mit dem Schluss der Veranstaltung.

Um genau zu sein, dann geht es eigentlich erst so richtig los! Gut, dass Sie sich nun die Zeit nehmen, um festzuhalten, welche Anregungen oder Ideen Sie in Ihrer Praxis intensiv weiter verfolgen und umsetzen wollen. Sie wissen ja, dass das, was man schriftlich macht, meist besser hält, als die unverbindliche Absichtserklärung. Nutzen Sie nun Ihre Seminarmitschriften und erarbeiten Sie Ihren individuellen Transferfahrplan.

Mein persönlicher Transferfahrplan:

Welche drei Ideen waren für Sie am wichtigsten? Was hat Ihnen daran besonders gefallen?

Welchen Nutzen wollen Sie hieraus ziehen? Welche konkreten Ziele wollen Sie erreichen?

Wann werden Sie anfangen?

Was werden Sie tun, um Ihr Vorhaben auch wirklich in die Tat umzusetzen?

Gibt es etwas oder jemanden, der Sie bei Ihrem Vorhaben unterstützen kann?

Wann werden Sie gemeinsam mit Ihrer Führungskraft (Zwischen-)Bilanz ziehen?

Abbildung 7: Transferplan

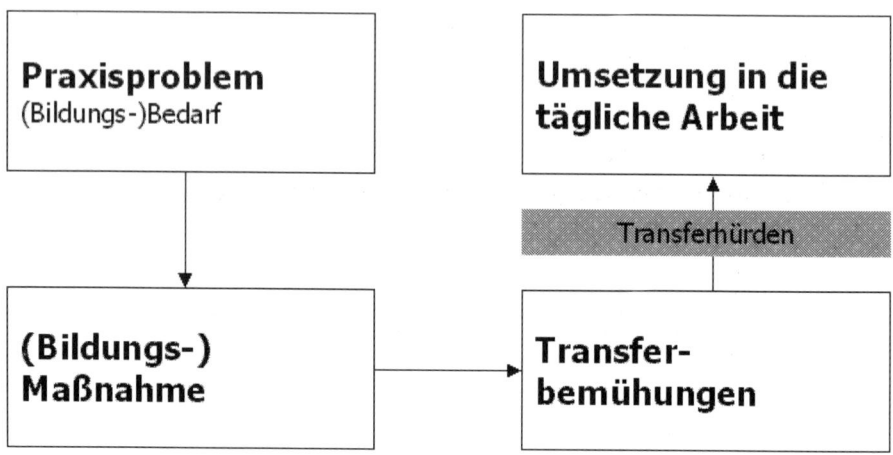

Abbildung 8: Transferproblem Trennung von Lern- und Arbeitsfeld

Lehrstoff und Gestaltung des Seminars

Ein Trainer kann das Zutrauen eines Betreffenden stärken, um neues Verhalten auszuprobieren, und die erforderlichen Fähigkeiten können durch einen Trainer bzw. die Personalentwicklung vermittelt werden. Natürlich ist das Lernen so transferorientiert wie möglich zu gestalten, zum Beispiel durch praxisnahe Fallbeispiele, hilfreiche Arbeitsunterlagen und den Einsatz von Transfer-Tools sowie das Angebot zu Follow-up-Veranstaltungen.

Wenn die Lerninhalte nichts mit den Bedürfnissen des Teilnehmers gemeinsam haben, der Zusammenhang von beruflicher Tätigkeit und Lernstoff nicht spürbar wird oder die Teilnehmer ihre Fragen nicht in das Seminar einbringen können, sinkt die Wahrscheinlichkeit einer späteren Anwendung.

Allerdings ist es auch wichtig, dass beim Lernen ausreichend Zeit zum Üben zur Verfügung steht und die Zeitspanne bis zur Umsetzung in die Praxis nicht zu lang ist.

Kulturelle und kollegiale Hemmnisse

Nach KURT LEWIN ist Verhalten eine Funktion von Person und Umwelt. Mathematisch ausgedrückt: $V = f (P;U)$. Die Größen P und U sind nicht unabhängig voneinander. Der individuelle Transfer wird maßgeblich durch die Umwelt beeinflusst. Kulturelle und kollegiale Hemmnisse gibt es häufig. Angefangen beim offenen Widerstand, dem (Nicht-) Aussprechen von Anerkennung bis hin zu demotivierenden Äußerungen. Mancher

Fähigkeiten/Skills

+ Zutrauen

Kann durch Trainer bewirkt werden

+ Rahmenbedingungen

+ Gelegenheit

Kann **nur** durch Führungskraft bewirkt werden

Abbildung 9: Rollen und Verantwortungen im Transferprozess

Kommentar der Führungskraft oder von Kollegen wirkt demotivierend. Und doch kommt es in der Praxis immer wieder zu

- Desinteresse (z. B. indem keiner Notiz vom Lernstoff nimmt),
- Witzeleien (z. B. das augenzwinkernde: „Na, gut erholt?"),
- Abwertungen (z. B. „Das soll neu sein??? Das machen wir doch schon lange so!"),
- Ablehnung (z. B. „Mir egal, was du gelernt hast, ich mache es wie immer!").

Die Gründe für dieses Verhalten können vielschichtig sein: die eigene Erfahrung, altbekannte Gewohnheiten, die Angst, dass ein anderer jetzt vielleicht mehr weiß oder die Befürchtung dem Neuen nicht gewachsen zu sein, um nur einige zu nennen. Dem kann man durch gezieltes Handeln begegnen und teilweise sogar vorbeugen. Es empfiehlt sich, den Kollegen gegenüber

- Dank für die Unterstützung während der Abwesenheit für die Dauer des Seminars auszusprechen,
- keine unbekannten Begriffe aus dem Seminar zu verwenden,
- nicht den Besserwisser zu spielen,
- aufzugreifen, dass im Seminar Praxisbewährtes behandelt wurde,
- Lösungsansätze des Seminars für gemeinsame Probleme aufzuzeigen,

▨ die Möglichkeit zum Probieren von Neuem zu verdeutlichen,

▨ die Seminarunterlagen (auszugsweise) zu kopieren.

▨ mehr Taten zu zeigen, als Worte zu machen.

Die aktive Beteiligung der Führungskraft und der Kollegen im Rahmen einer Abteilungsbesprechung hat sich dabei sehr bewährt. Probieren Sie es doch selbst einmal aus. Die Arbeitshilfe in Abbildung 10 kann Sie dabei unterstützen.

Transfer bedeutet, dass Lernerfahrungen auf praktische Anwendungssituationen (dauerhaft) übertragen werden. Leider lauern überall Transferhürden, also Variablen, die oftmals eine schnelle Umsetzung des Gelernten erschweren.

Organisatorische Transferhürden

Eine zentrale Rolle bei der Umsetzung liegt selbstredend beim Mitarbeiter. Sowohl für das Lernen als auch für die Umsetzung gilt hier: „No will, no skill!" Damit Transfer stattfinden kann, muss eine Person

1. den Wunsch zur Verhaltensänderung haben,
2. wissen, was zu tun ist und wie es zu tun ist,
3. in einem geeigneten Umfeld arbeiten,
4. für die Verhaltensänderung anerkannt werden.

Natürlich ist es wichtig, dass ein Mitarbeiter die Fähigkeit und die Bereitschaft zum Lernen und zur Umsetzung mitbringt, für den eigentlichen Transfer braucht es aber eine Chance, das neu erlernte Verhalten anzuwenden, und förderliche Rahmenbedingungen.

Bereits in den späten 60er-Jahren wurde untersucht, was die Umsetzung von trainiertem Verhalten aus organisierten Lehrveranstaltungen fördert bzw. hemmt (aus dieser Zeit stammen auch die meisten bekannten Transferinstrumente). Eine zentrale Erkenntnis aus diesen Forschungen ist, dass die Bedeutung des Lernumfeldes bis dato unterschätzt wurde. Hierin liegt der maßgeblich erfolgskritische Faktor, ob und wenn, in welcher Ausprägung Transferleistung generiert wird. Um es auf den Punkt zu bringen: Es sind weniger die Bildungsmaßnahmen selbst, sondern es ist die Transferkultur, die maßgeblich die Umsetzungsqualität und -geschwindigkeit beeinflusst und somit einen faktischen Wettbewerbsvorteil generiert. Dass Lernerfahrungen oftmals nicht in die Praxis übertragen werden, hat selten damit zu tun, dass der Trainer ein schlechtes Seminar gehalten hat. Im Regelfall hat es auch nicht damit zu tun, dass der Seminarteilnehmer nichts gelernt hat.

Die wesentlichste Ursache für mangelnden Transfer sind vielfach schlechte Rahmenbedingungen. Genau die kann nur die Führungskraft bewirken. Was bereits seit der Transferforschung in den späten 70er-Jahren bekannt ist, wurde 1994 zweifelsfrei nachgewiesen: Zu höchstens 20 % liegen die Ursachen für eine Nichtanwendung in den man-

Transfersicherung

Wissen gehört zu den wenigen Dingen, die mehr werden, wenn man sie weitergibt.

Stimmen Sie bitte mit Ihrer Führungskraft kurz ab, welchen zeitlichen und inhaltlichen Spielraum Sie in der nächsten Besprechung erhalten, um Ihre Kollegen über die Bildungsmaßnahme zu informieren, die sie besucht haben. Bereiten Sie folgende Inhalte vor.

Kurze Information zu Thema, Inhalt und Ablauf des Seminars

Konkrete Bestätigung bewährter Verfahren, aus der Praxis

Vorstellung von Highlights aus dem Seminar [1]

Stichpunktartiges Aufzeigen von möglichem Nutzen

Kollegen um Stellungnahmen bitten

Vereinbarung über künftiges Vorgehen (Maßnahmeplan?)

[1] Falls sinnvoll, können Sie Ihren Kollegen und Kolleginnen jetzt auch (auszugsweise) Kopien der Teilnehmerunterlagen verteilen.

Abbildung 10: Leitfaden für einen Seminarbericht im Kollegenkreis

gelnden Fähigkeiten der Mitarbeiter. Das hat andere Ursachen. Es wurde herausgefunden, dass die Ursache für Transferprobleme in den folgenden Feldern zu finden sind:

- Information zu den Zielen
- Kultur
- Rückmeldung
- Anreize
- Ressourcen

Information zu Zielen

Ein wichtiger Grund, warum Mitarbeiter Gelerntes nicht umsetzen, ist, dass sie oft gar nicht wissen, zu welchem Zweck sie etwas lernen sollen bzw. in welcher Art und Weise Gelerntes umzusetzen ist.

Rückmeldung

Rückmeldung wird als Signal dafür gewertet, dass die Transferbemühung bemerkt und anerkannt wird. Erfolgt keine Rückmeldung, entsteht schnell der Eindruck, es würde sich niemand wirklich für einen Transfer interessieren. Man könnte auch sagen, ob Gelerntes angewendet wird oder nicht, hat die gleiche Gültigkeit. Es ist gleichgültig.

Ressourcen

Die Eignung, Umfang und Verfügbarkeit der bereitgestellten Ressourcen, Materialien etc. sind entscheidende Transferfaktoren. Beispiele für garantiert vorherzusagende Transferdefizite sind beispielsweise der EDV-Kurs, ohne dass man (schon) über einen Computer verfügt, oder ein Führungstraining ohne die Möglichkeit, Mitarbeiter zu leiten usw.

Kultur

Wenn Menschen ihr Verhalten ändern, so wirkt das auch auf die Umwelt. Wenn in der alten Kultur neu erworbenes Wissen angewandt werden soll, kann sich diese Kultur transferhemmend auswirken. Es gilt der Grundsatz: Stelle einen guten Mitarbeiter in ein mittelmäßiges System und das System wird gewinnen.

Anreize

Gewünschtes Verhalten sollte „belohnt" werden. Da reicht in den meisten Fällen ein zeitnahes, ernst gemeintes Lob. Anerkennen, dass jemand etwas gut gemacht hat, erhöht die Wahrscheinlichkeit, dass dieses Verhalten wieder gezeigt wird. Die Grundlage für einen nachhaltigen Transfer.

What isn't measured doesn't get done

Ähnlich wie bei den Hawthorne-Beleuchtungsstudien bei der Western Electric Company verhält es sich auch beim Bildungscontrolling. Allein schon das Vorhandensein von „Beobachtern" hat nachhaltigen Einfluss auf ein (Transfer-)Ergebnis – sogar unter sich verschlechternden Bedingungen. Eine kurzfristige Ergebnisverbesserung von 7 bis 10 %

ist nicht unüblich – über die Nachhaltigkeit einer Umsetzung aus Gelerntem ist damit allerdings nichts ausgesagt.

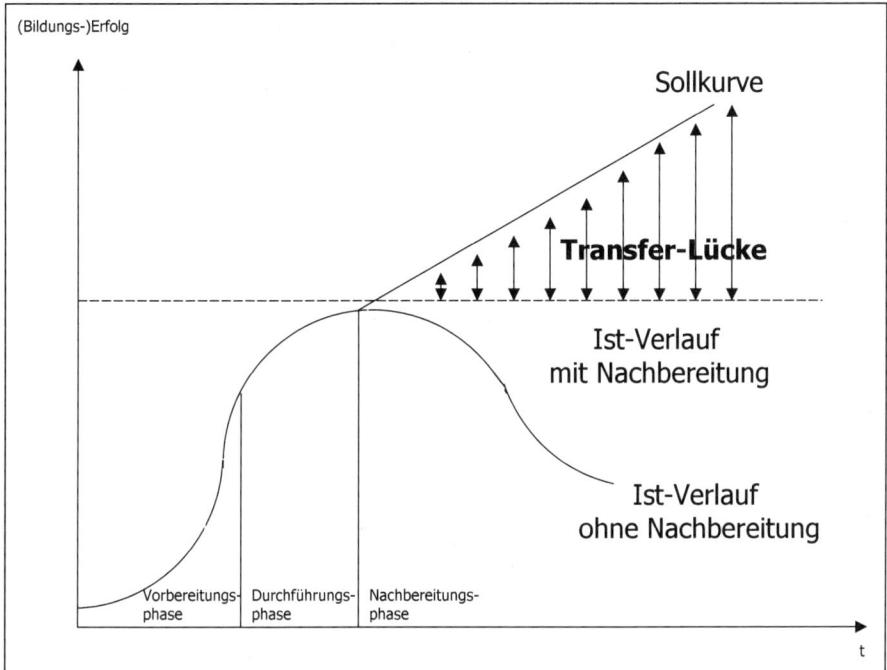

Abbildung 11: Transfer und Bildungserfolg

Nachhaltig betriebene Evaluation führt zu einem verbesserten Bildungserfolg (soll heißen Umsetzungsqualität) – zumindest solange die „Beobachtung" aufrechterhalten wird. Mangelnder Bildungserfolg ist in erster Linie auf das Fehlen von Nachbereitung zurückzuführen. Zur Gestaltung eines nachhaltigen Transfermanagements finden Sie mehr im Kapitel 4.4.1.

3.1.4 Output

In der vierten Evaluationsebene wird der Umfang bzw. das Ausmaß eines durch eine Maßnahme erzielten oder verbesserten Outputs gemessen. Zum Output zählen quantitative, also harte Daten, ebenso wie qualitative – weiche – Daten. Der Überblick in Abbildung 12 zeigt mögliche Messgrößen in den quantitativen und qualitativen Dimensionen auf.

31

Quantitative Dimensionen	Mögliche Messgrößen
Produktion	Arbeitsproduktivität Umsatz- und Verkaufszahlen Abgeschlossene Vorgänge ...
Zeit	Entwicklungs- und Durchlaufzeiten Stillstandzeiten realisierte In-time-Projekte ...
Qualität	Materialverbrauch Ausschuss-/Fehlerquoten Reklamations-/Stornoquote ...
Kosten	Produktionskosten Stückkosten Budgetabweichungen ...
...	... ...

Qualitative Dimensionen	Mögliche Messgrößen
Arbeitsverhalten	Unfälle Krankenstand Absentismus ...
Initiative	Anzahl der Patentanmeldungen Anzahl der Verbesserungsvorschläge Umsetzung neuer Ideen ...
Arbeitsklima	Arbeitszufriedenheit Mitarbeiterbeschwerden Fluktuationsquote ...
Entwicklung	Anzahl der Beförderungen Anzahl Bildungsmaßnahmen Anzahl der Lohnerhöhungen ...
Unternehmenskultur	Kommunikations- und Informationsqualität Führung und Kooperationsbeziehungen Arbeitsmotivation und Leistungsbereitschaft ...
...	... ...

Abbildung 12: Quantitative und qualitative Output-Dimensionen

Der Erfolg hat viele Väter

Inwieweit Veränderungen auf die Weiterbildung zurückzuführen sind, lässt sich selten genau feststellen, da die Ursachen von Veränderungen zumeist multikausal sind. Auch wenn bei einigen Themenfeldern der Zusammenhang von Aktivität und Ergebnis (z. B. Verkaufstraining und gestiegener Umsatz) evident erscheint, in Weiterbildung und Personalentwicklung wird kaum eine Output-Evaluation explizit durchgeführt.

Die Ursache dieser Schwierigkeit ist oftmals darin zu sehen, dass Personalentwicklung und Weiterbildung sich als aktivitätenorientierten Reparaturbetrieb positionieren, anstatt sich als ergebnisorientierte Business-Partner auszurichten.

Aktivitätenorientierte WB und PE	Ergebnisorientierte WB und PE
Kein zwingend erforderlicher Geschäftsbedarf für Maßnahmen	Für die Maßnahmen gibt es einen konkreten Geschäftsbedarf
Kein *spezifischer* Bezug zu einzelnen Geschäftszielen	Maßnahmen sind eng mit konkreten Geschäftszielen verzahnt
Kein besonderes Engagement, dass die Umwelt transferfördernd wirkt	Einwirkung auf die Umwelt, dass Transferunterstützung geleistet wird
Halbherzige oder keine Bemühung um Partnerschaft mit Top-Management und anderen Schlüsselfunktionen	Partnerschaften mit Top-Management und anderen Schlüsselfunktionen
Keine Bemühung, dass Programmteilnehmer ein bestimmtes Leistungsziel erreichen	Den Teilnehmern wird die Ergebniserwartung zu einer Verbesserung der individuellen Performance kommuniziert
Keine Untersuchung der Auswirkungen von Maßnahmen auf die konkrete Performance der Teilnehmer	Auswirkung der Maßnahmen auf die Performance der einzelnen Teilnehmer wird verfolgt
Keine Ergebnismessung oder Analyse der Weiterbildungsrendite	Ergebnismessung oder Analyse der Weiterbildungsrendite
Planung und Reporting sind primär inputorientiert	Planung und Reporting sind primär outputorientiert

Abbildung 13: Aktivitätenorientierte vs. ergebnisorientierte WB und PE

Aktivitätenorientierte Personalentwicklung und den korrespondierenden „Mythos vom Messen" findet man in der Praxis wesentlich öfter vor, als man zu hoffen glaubt. Aussagen wie die folgenden sind zumeist ein guter Indikator für eine aktivitätenorientierte Weiterbildung:

- „Messen ist nur im Produktions- oder im Finanzbereich sinnvoll."
- „Wenn man den finanziellen Wert nicht berechnen kann, macht es keinen Sinn, überhaupt zu messen."
- ...

Aber auch qualitativ andere Begründungen – deswegen in der Sache nicht unbedingt bessere – werden ins Feld geführt, wie beispielsweise:

- „Resultate von Investitionen in weiche Faktoren lassen sich nicht quantitativ darstellen."
- „Es gibt zu viele Variablen – der Zusammenhang zum Ergebnis ist nicht kausal."
- ...

If you can't measure it, you can't manage it

Wir teilen die Ansicht von Nikki Harramach: Zero-Defect-Modelle haben dort eine Berechtigung, wo sie mehr Nutzen stiften als verhindern, beispielsweise in der pharmazeutischen Industrie, im Flugzeugbau oder beim Entminungsdienst. Im Rahmen von Bildungsevaluation und -controlling aber gilt der Grundsatz: Machbarkeit vor Wissenschaftlichkeit! Anders ausgedrückt: lieber 80 % sofort als niemals 100 %. Das ist übrigens nicht unseriös. Denken Sie z. B. an die Bewertung von Zukunftspotenzialen verschiedener Absatzmärkte in einer Portfolio-Analyse. Die daraus folgenden strategischen Entscheidungen beruhen im Wesentlichen auf einer numerischen Exaktheit – die wiederum im Wesentlichen auf Vermutungen basiert.

Dabei kann die Quantifizierung des Nutzens in vielen Fällen sogar objektiv gemessen werden. Geeignete Verfahren hierfür sind

- Dokumentenanalysen (z. B. Verkaufsstatistiken),
- Feldbeobachtung (z. B. Mystery Calls, Silent Shopper),
- Fragebögen (z. B. Mitarbeiterbefragung) oder
- Interviews (z. B. mit Kunden oder Zulieferern).

Die Folgen der Unterlassung von Handlung sind offensichtlich. Es kommt zu

- fehlender frühzeitiger Einbindung in strategische Themen,
- einem Mangel an persönlicher Akzeptanz,
- drohender Kürzung von Budgets für Weiterbildung und Personalentwicklung,
- usw.

Nutzenschätzung

Ob eine Maßnahme rentabel ist, lässt sich unkompliziert überall da bemessen, wo mehr verkauft wird, schneller oder fehlerfreier gearbeitet wird usw. Doch was macht man mit Aufträgen, wo es beispielsweise „nur" darum geht, eine größere Zufriedenheit herzustellen?

Die Antwort ist relativ einfach: Es gilt den Nutzen zu quantifizieren. GALILEO GALILEI soll einmal gesagt haben: „Messt alles, was messbar ist. Macht messbar, was noch nicht messbar ist." Gerne halten wir uns an diese Aussagen und beziehen sie auf unser Thema. Weiterbildung und Personalentwicklung sollten darauf abzielen, einen messbaren Beitrag zu den Geschäftsergebnissen zu leisten, z. B.

- höheren Output
- bessere Qualität
- Kosteneinsparung
- Zeiteinsparung
- steigende Kundenzufriedenheit
- steigende Mitarbeiterzufriedenheit
- usw.

Eine wirkliche Objektivität gibt es nicht – nur eine breitflächig akzeptierte. Die objektiven Wirtschaftskennzahlen wie zum Beispiel der Cashflow, der Gewinn u. v. a. haben zumeist zum Zeitpunkt ihrer Betrachtung bereits nur noch historischen Wert und doch gelten sie gemeinhin als trennscharfe und objektive Kennzahlen. Zumeist finden sich in jedem Unternehmen bereits Daten zu Leistungen, die monetär bewertet wurden. Üblicherweise finden sich Aussagen über Kosten für Stillstandzeiten, Tagessätze eines Projektmitarbeiters u. v. a. Unter gewissen Vorbehalten kommt man auch über die Arbeitsstundenberechnung zu konkreten €-Werten. So ist beispielsweise der Erfolg der Schulung in einem Software-Anwendungsprogramm durchaus am erhöhten Output eines Sachbearbeiters messbar.

Ähnlich kann man auch mit Veranstaltungen wie „Effektive Besprechungstechniken" oder „Zeitmanagement" verfahren, wenngleich die Argumentation über Zusammenhänge deutlich schwieriger wird. Besonders offensichtlich wird dies dann bei verhaltensorientierten Trainings wie zum Beispiel „Emotionale Intelligenz", „Konstruktiv Konflikte lösen" oder „Grundlagen der Mitarbeiterführung".

Konkret bedeutet das, zum Zeitpunkt der Bedarfserhebung festzustellen, welchen Nutzen sich der Auftraggeber von der Erreichung des Zieles verspricht, z. B. wenn durch eine Maßnahme eine höhere Zufriedenheit der Mitarbeiter hergestellt wurde. Mögliche Fragen in einem Auftragsklärungsgespräch sind:

- Um wie viel schneller (besser, fehlerfreier, ...) können Sie dadurch die Aufgaben-(Abteilungs-, Geschäfts- Unternehmens-, ...)Ziele erreichen?
- Woran können Sie den Erfolg messen?
- Welchen Nutzen stiften wir mit der Maßnahme, wenn wir erfolgreich sind?
- Würden Sie die Maßnahme auch dann noch machen, wenn sie 2-mal, (3-mal, 4-mal, ...) so teuer wäre?
- Was würde passieren, wenn wir nichts unternehmen?

Die Wertschätzung an Kosten

Es gibt allerdings auch Output, den Sie vielleicht nicht in monetären Größen ausdrücken wollen. Das bedeutet nicht, dass diese Dinge unwichtig sind. Mögliche Outputs könnten sein:

- gestiegene Arbeitsplatzzufriedenheit
- höhere Mitarbeiterzufriedenheit
- Verbesserung bei der Zusammen- und Teamarbeit
- reduzierte Anzahl Beschwerden
- Reduktion der Konflikte
- geringerer Stress

Es ist durchaus schwierig, in Geld auszudrücken, was eine Verbesserung der Zusammenarbeit wert ist oder wo der monetäre Vorteil in der Reduktion von Stress liegt.

In jedem Fall kann der Auftraggeber aber sagen, was – oder besser wie viel – ihm die Verbesserung oder Veränderung der Situation wert ist. Wie ein solches Gespräch mit einem Auftraggeber laufen könnte, zeigt das folgende Transskript.

Aus der Praxis:

(...)

PE: Gut. Wenn ich Ihr Anliegen kurz zusammenfasse, dann geht es Ihnen darum, mit einer Teamentwicklung etwas für die Zusammenarbeit Ihrer Leute zu tun. Viel genauer lässt sich das, was dabei rauskommen soll, im Moment nicht konkretisieren ...

K: Ja, genau ...

PE: Hmm, okay ...
        Da gibt es noch etwas, das möchte ich Sie gerne fragen, um Ihren Bedarf besser einschätzen zu können ...
        Wenn ich die Kosten überschlage, kommen wir mit der Maßnahme, wie Sie es gerne hätten, zunächst einmal auf rund 12.000 €. Wenn ich die Lohnkosten der 10 Mitarbeiter für 3 Tage und die beiden Transfertage zusammenrechne, kommen da noch einmal mindestens 10.000 € dazu. Also rund 22.000 €, die Sie in Ihr Team investieren wollen.
        Lassen Sie mich den Advocatus Diaboli spielen: Ist es für Sie in Ordnung, wenn wir 22.000 € von Ihrem Budget in die bessere Zusammenarbeit Ihrer Mitarbeiter stecken – was auch immer das dann in der Praxis heißt?

(...)

Oftmals kann ein Auftraggeber erst dann konkretisieren, was er sich von einer Maßnahme erwartet, wenn er sieht, wie viel sie ihn kostet. Bis auf wenige, löst die Kenntnis
des Betrages eine positive Irritation aus.

Wenn Sie Ihren Auftrag als Berater für Personalentwicklung ausüben, kann dies eine
wichtige Gesprächstechnik zur Qualitätssicherung im Rahmen der Maßnahmeplanung
sein.

3.2 Ökonomische Evaluation

Die Kosten für Weiterbildung und Personalentwicklung steigen stetig an. Je größer ein
Budget, umso höher ist das Interesse des Top-Managements zu erfahren, ob sich
diese Investitionen auch tatsächlich lohnen. Die Antworten darauf blieben lange überschaubar. Dabei ist das Top-Management oftmals immer noch bereit, eine ganze Men-
ge Geld in Bildung zu investieren. Natürlich gibt es immer wieder Unternehmen, die
sich damit zufrieden geben, wenn den Seminarteilnehmern eine Veranstaltung „gut
gefallen" hat. Aber einfach nur gute Trainings zu liefern, reicht heute zumeist nicht
mehr. Diese zum Teil erheblichen Kosten sind nur dann zu rechtfertigen, wenn sich die
Bildungsmaßnahmen als rentable Investition erweisen. Denn letztendlich zählt der
messbare Beitrag zum Unternehmensergebnis oder etwas prosaischer – wie CASCIO es
ausgedrückt haben soll: The language of business is dollars, not correlation-coefficients.

In quantitativer Hinsicht geht es also um betriebswirtschaftliche Datenanalysen oder
genauer: um betriebswirtschaftliche Standards, wie z. B. die Kosten-Nutzen-Rechnung,
Return-On-Invest und Amortisations-Rechnung. Diese Verfahren dienen der ökonomischen Bewertung des Erfolgs von Weiterbildung und Personalentwicklung.

3.2.1 Kosten-Nutzen-Rechnung

Eine der grundlegenden betriebswirtschaftlichen Kennzahlen ist die so genannte Kosten-Nutzen-Rechnung. Vielfach bleiben Kosten-Nutzen-Fragestellungen unbeantwor-
tet. Dafür gibt es im Wesentlichen drei Gründe:

1. Vertreter aus Weiterbildung und Personalentwicklung wissen nicht, wie das Kosten-Nutzen-Verhältnis berechnet wird.

2. Sie wissen, wie man ein Kosten-Nutzen-Verhältnis berechnet, aber sie können den
   Nutzen nicht benennen.

3. Sie wissen, wie man ein Kosten-Nutzen-Verhältnis berechnet, aber es herrscht
   Uneinigkeit zu den Kosten.

In diesem Kapitel werden wir uns mit der Berechnung beschäftigen. Wie man einen
Nutzen definiert, haben Sie im vorhergehenden Abschnitt gelernt. Die Erhebung und
die Definition von Kosten erfolgt an anderer Stelle in diesem Buch.

Eine Kosten-Nutzen-Rechnung ist die betriebswirtschaftliche Berechnung des Verhältnisses von Nutzen zu Kosten und wird als Quotient ausgedrückt. Das Kosten-Nutzen-Verhältnis wird mit der folgenden Formel berechnet:

$$\text{Nutzen/Kosten-Verhältnis} = \frac{\text{Summe aller Erträge durch die Intervention}}{\text{Summe aller Kosten der Intervention}}$$

Was sagt das Ergebnis aus?

Bei der Kosten-Nutzen-Rechnung wird der Nutzen vor dem Kostenfaktor genannt. Das ist gewöhnungsbedürftig, aber sachlogisch natürlich richtig.

Ein Nutzen-Kosten-Verhältnis von 1:1 bedeutet, dass die Erträge die Kosten voll decken.

Ein Nutzen-Kosten-Verhältnis von 3:1 bedeutet, dass für jeden ausgegebenen Euro drei Euro als Ertrag zurückkommen.

Man kann das Ergebnis einer Kosten-Nutzen-Rechnung auch als eine absolute Zahl darstellen.

Was sagt das Ergebnis aus?

Ein Ergebnis von 1 bedeutet, dass die Aufwendungen für die Kosten gleich den erzielten Erträgen sind.

Ein Ergebnis von 2 bedeutet, dass für jeden Euro an Kosten zwei Euro Ertrag erzielt wird.

Beispiel:

Der erzielte Nutzen (Ertrag) eines Verkaufsförderungsprogramms bezifferte sich im ersten Jahr auf 586.500,– €. Dem standen Kosten in Höhe von 138.000,– € gegenüber.

Nehmen wir zunächst unsere Formel

$$\text{Nutzen/Kosten} = \frac{\text{Summe aller Erträge durch die Intervention}}{\text{Summe aller Kosten der Intervention}}$$

und setzten die o. g. Werte ein. Wir berechnen wie folgt

$$\text{Nutzen/Kosten} = \frac{586.500,- \, €}{138.000,- \, €}$$

$$\text{Nutzen/Kosten} = 4,25$$

Das Ergebnis: Nutzen/Kosten = 4,25 bedeutet, dass für jeden Euro an Kosten 4,25 Euro Ertrag erwirtschaftet wird.

3.2.2 Return-On-Invest

Der ROI ist eine der zentralsten Kennziffern für Weiterbildung und Personalentwicklungs-Investitionen. Den meisten Managern ist der ROI bekannt, die Bedeutung ist ihnen zumeist aus anderen Zusammenhängen vertraut. Der Return-On-Invest stellt das Verhältnis von Betriebsergebnis zu Kapitaleinsatz gegenüber. Ein eindeutiger Beweis fehlt, ob der Kapitaleinsatz – einen wie auch immer gearteten – Einfluss auf Erhöhung oder Verminderung des Betriebsergebnisses hat. Ebenso wenig belegt der ROI eine kausale Verbindung zwischen einer Maßnahme der Weiterbildung oder Personalentwicklung und dem Geschäftsergebnis. Das ist auch nicht Interesse des ROI.

Das Interesse des ROI ist es, eine Aussage darüber zu treffen, ob sich eine Investition von Kapital lohnt oder nicht.

Der Return-On-Invest ist eng mit der Kosten-Nutzen-Rechnung verknüpft. Das Ergebnis des ROI wird in Prozent angegeben. Die Formel für den ROI lautet:

$$\text{ROI [\%]} = \left(\frac{\text{Summe der Erträge} - \text{Summe aller Kosten}}{\text{Summe der Kosten}} \right) \times 100$$

Der ROI wird berechnet, indem man die Netto-Erträge (Netto-Erträge = Erträge minus Kosten) durch die Kosten teilt und das Ergebnis mit 100 multipliziert.

Zur Erinnerung:

- „Summe der Erträge" im Zähler und Nenner kann nicht gekürzt werden. (Vielleicht erinnern Sie sich an die Schulweisheit: „Aus Differenzen und aus Summen kürzen nur die Dummen!")
- x 100 steht für die Umrechnung der absoluten Zahl zur Umrechnung in einen Prozentwert.

Etwas handlicher formuliert lautet die Formel für ROI dann:

$$\text{ROI [\%]} = \left(\frac{\text{Summe aller Erträge durch die Intervention}}{\text{Summe aller Kosten durch die Intervention}} - 1 \right) \times 100$$

Was sagt das Ergebnis aus?

Ein ROI von 0 % bedeutet, dass das investierte Geld wieder eingespielt, darüber hinaus aber kein Ertrag erwirtschaftet wurde.

Ein ROI von 150 % bedeutet, dass Kosten eingespielt wurden und zusätzlich das 1,5fache der Kosten erwirtschaftet wurde.

Beispiel:

Der berechnete Wert von 4,25 aus unserem Beispiel oben entspricht einem Return-On-Invest von 325 %. Das Ergebnis besagt, dass zum einen die Kosten für die Intervention wieder eingespielt wurden und zusätzlich ein Gewinn in Höhe des 3,25fachen der Investition erwirtschaftet wurde.

Bei vielen „normalen" Investitionen, für die ein ROI berechnet wird, zeigen sich Erträge erst im zweiten oder dritten Jahr. Dennoch empfehlen wir Ihnen: Wählen Sie die Berechnung des ROI auf Grundlage der Kosten bzw. Erträge für das erste Jahr. Bei Maßnahmen der Weiterbildung und Personalentwicklung sind im Durchschnitt bereits im ersten Jahr ROI-Werte zwischen 300 % und 700 % erzielbar. Aber auch darüber liegende ROI-Werte sind realistisch. Bei ROI-Werten unter 50 % sind die Maßnahmen der Weiterbildung und Personalentwicklung auf ihre Notwendigkeit zu prüfen.

Praxistipp

Leitgedanken für die Verwendung des Return-On-Invest

Wenn Sie ökonomische Evaluation als Prognose-Instrument verwenden, sollten Sie so konservativ wie nur möglich mit dem gewonnenen Datenmaterial umgehen. Letzten Endes arbeiten wir dann mit Annahmen über eintretende Ereignisse in der Zukunft. Es ist wichtig, dass Sie durch eine allzu großzügige Schätzung nicht das Vertrauen des Top-Managements in den Prozess der wirschaftlichen Prognose verlieren.

Nutzen Sie die zuverlässigsten Quellen für Ihre Datensammlung.

- Extremwerte und unbewiesene Behauptungen sollten falls möglich nicht in Ihre Kalkulation einbezogen werden.

Entscheiden Sie sich für die konservativste Art der Berechnung.

- Für die Berechnung des ROI sollten alle relevanten Kostennoten vollständig aufgeführt werden (z. B. auch Lohnausfallkosten).

- Können keine Daten über eine Verbesserung erhoben werden, dann gehen Sie davon aus, dass es keine Verbesserung gegeben hat.

Berechnen Sie den ROI für einen Jahreszeitraum.

3.2.3 Amortisations-Rechnung

Bei der Amortisations-Rechnung wird berechnet, nach welchem Zeitraum sich eine Investition in Weiterbildung oder Personalentwicklung „gerechnet", soll heißen amortisiert hat. Das Ergebnis wird in Jahren dargestellt.

Was sagt das Ergebnis aus?

Ein Amortisations-Zeitraum von 1 bedeutet, dass sich die Aufwendungen in die Weiterbildungs- oder Personalentwicklungsaktivitäten nach einem Jahr amortisiert haben.

Beispiel:

Nehmen wir noch einmal unser Beispiel von oben. Zur Erinnerung: Der erzielte Ertrag des Verkaufsförderungsprogramms bezifferte sich im ersten Jahr auf 586.500,– €. Dem standen Aufwendungen in Höhe von 138.000,– € gegenüber.

Zunächst die allgemeine Formel für die Amortisations-Rechnung

$$\text{Amortisations-Zeitraum} = \frac{\text{Summe aller Kosten (Aufwendungen)}}{\text{Summe der jährlichen Erträge/Einsparungen}}$$

Dann berechnen wir den Amortisations-Zeitraum:

$$\text{Amortisations-Zeitraum} = \frac{138.00,- \text{€}}{586.500,- \text{€}}$$

$$\text{Amortisations-Zeitraum} = 0{,}24$$

Das Ergebnis: Amortisations-Zeitraum = 0,24 bedeutet, dass sich die Investition nach rund 0,24 Jahren – etwas weniger als einem Quartal – bereits gerechnet hat.

3.3 Wie viel Evaluation muss sein?

Die Erfolgsermittlung wird mit der zunehmenden Tiefe der Evaluation immer stärker von maßnahmenunabhängigen Variablen beeinflusst. Das mathematische Isolieren dieser Variablen ist nach wissenschaftlichen Standards möglich, aber sehr aufwändig und kostspielig.

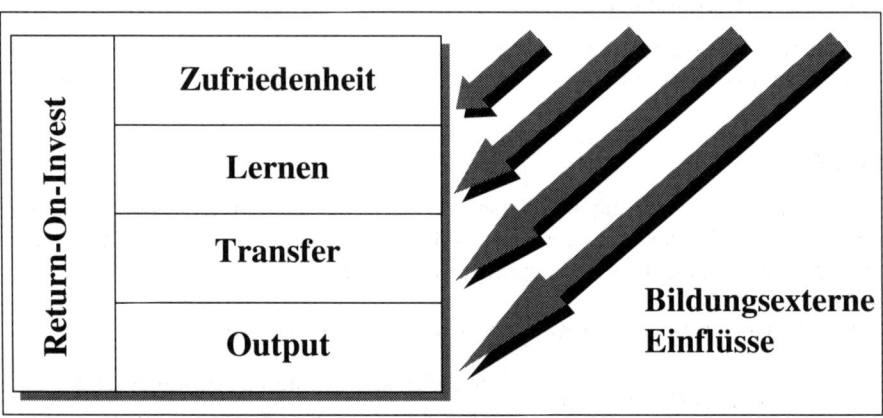

Abbildung 14: Zunehmender Einfluss bildungsexterner Variablen

Eine umfassende Evaluation aller Aktivitäten auf allen Evaluationsebenen wäre wahrscheinlich sehr teuer. JACK PHILLIPS empfiehlt deswegen, gezielt zu evaluieren. Evaluieren Sie zu

- 100 %   Zufriedenheit
- 60 %   Lernen
- 30 %   Transfer
- 10 %   Output
- 5 %   ROI

Bildungsevaluation erfolgt vielmals nach einer Maßnahme. Es liegt auf der Hand: Wenn im Nachhinein festgestellt wird, dass eine Maßnahme nicht erfolgreich war, sind Engagement und finanzielle Mittel bereits verschwendet. Auch wenn es zunächst verführerisch erscheint, einen ROI für alle Aktivitäten zu kalkulieren, sollten Sie den ROI nur dort berechnen, wo

- die Maßnahme eine hohe „Sichtbarkeit" erlangt,
- das Interesse der Geschäftsleitung eine wichtige Rolle spielt,
- umfangreiche Mittel eingesetzt werden,
- viele Mitarbeiter qualifiziert werden,
- regelmäßige Wiederholungen stattfinden,

▓ erfolgskritische Projekte angegangen werden,

▓ die Notwendigkeit oder der Nutzen auf „Bauchgefühl" einzelner beruht,

▓ Neuland betreten wird.

Das, was Sie nun unter dem Begriff Evaluation kennen gelernt haben, wird oftmals mit Bildungscontrolling gleichgesetzt. Bildungscontrolling ist ein Containerbegriff, in den fallweise das geworfen wird, was man darunter verstehen will. Bildungscontrolling ist allerdings keine isolierte Erfolgsbewertung oder Kostenrechnung der Bildungsarbeit. Unter Bildungscontrolling verstehen wir den ganzheitlichen Prozess – die Steuerung von Weiterbildung und Personalentwicklung, wie das folgende Kapitel zeigen wird.

4 Controlling

Der Begriff Controlling stammt aus dem angelsächsischen Verb „to control". Die umgangssprachliche Übersetzung mit dem Begriff „kontrollieren" liegt zwar sehr nahe, Controlling aber mit Kontrolle zu übersetzen hieße, die eigentliche Bedeutung des Begriffes zu verkennen. Hier ist eher etwas wie steuern, regeln, lenken gemeint. Modernes Controlling ist, dem eigentlichen Wortsinn nach, die Bereitstellung eines umfassenden Informationssystems für die Planung, Steuerung und Kontrolle.

Abbildung 15: Controlling-Zyklus

Die Funktion eines Controllers ist letztendlich darauf ausgelegt, dass Entscheidungen getroffen werden können, um wirtschaftliche Ziele zu erreichen. Das Erreichen ergebnis- und finanzwirtschaftlicher Ziele bemisst sich in quantitativen Kennzahlen. Diese stehen aber nicht unabhängig für sich, sondern sind die Folge qualitativer Daten zu Marktzielen, Mitarbeiter-Motivation etc.

Aufgabe des Controllers ist es, alle relevanten Daten zu erfassen, diese rechtzeitig den Entscheidern zur Verfügung zu stellen, um in der Konsequenz bessere Entscheidungen zu treffen.

4.1 Bildungscontrolling

Bildungscontrolling ist ein umfassendes strategisches Informationssystems für die Planung, Steuerung und Kontrolle von Weiterbildung und Personalentwicklung. Damit ist Bildungscontrolling mehr als eine bedarfsorientierte Veranstaltungsplanung, mehr als die statistische Erhebung von Bildungsdaten und auf jeden Fall auch mehr als nur die Kostenrechnung der Weiterbildung und Personalentwicklung. Bildungscontrolling ist somit ein Sammelbegriff für

* Verfahren,
* Instrumente und
* Maßnahmen

zur empfängerorientierten Information mit dem Zweck der

* Planung,
* Steuerung,
* Kontrolle

von Weiterbildung und Personalentwicklung.

	Controlling-Feld	Controlling-Fragestellung	Controlling-Gegenstand	Controlling-Aktivitäten
Fachlich PLANEN	Bedarfserhebung	Ist der Bedarf richtig erhoben? Ist der richtige Bedarf erhoben?	Der erhobene (Bildungs-) Bedarf	Wurde der Bedarf methodisch „sauber" erhoben? Konsolidierung von dokumentiertem Bedarf? Z. B. aus MA-Gesprächen Prüfung des Bedarfs anhand der Ziele, z. B. Unternehmenszlele Abgleich Anforderungs- und Qualifikationsprofile ...
Ökonomisch PLANEN	Budget	Für was und in welcher Höhe sind finanzielle Mittel zu planen?	Bereitzustellende Ressourcen – insbesondere finanzielle Mittel	Kenntnis der üblichen Marktpreise für externe Dienstleistungen Kalkulation von WB-Maßnahmen Erarbeitung von Verrechnungspreisen Erstellung eines WB-Budgets ...

Abbildung 16 – Seite 1: Toolbox des Bildungscontrollings

45

	Controlling-Feld	Controlling-Fragestellung	Controlling-Gegenstand	Controlling-Aktivitäten
Ökonomisch PLANEN	Wirtschaftlichkeit	Wird der Bedarf preiswert im eigentlichen Sinn abgedeckt?	Preis-Leistungs-Vergleiche	Preis-Leistungs-Vergleich diverser externer Anbieter Preis-Leistungs-Vergleich alternativer Maßnahmen (z. B. CBT vs. Seminar) Preis-Leistungs-Vergleich Outsourcing vs. eigenes Personal ...
Fachlich STEUERN	Qualität	Wird der Bedarf qualitativ hochwertig bedient?	Rahmenbedingungen sowie methodische und didaktische Qualität bei der Durchführung von (Bildungs-) Maßnahmen	Auswahl externer Trainer nach Aspekten der Qualitätssicherung Evaluation der Durchführungsqualität (z. B. Trainer-Assessment) Evaluation der Zufriedenheit (z. B. mit Feedback-Bogen) ...
Ökonomisch STEUERN	Kosten	Wie belaufen sich die Kosten für Weiterbildung und Personalentwicklung	Kosten nach Art, Höhe, Struktur und nach Maßnahmen	Aufbereitung und Abrechnung der Kosten Soll-Ist-Vergleich der Kosten Budgetüberwachung Benchmarking ...
Fachlich KONTROLLE	Transfer	(Wie) Werden die (Bildungs-) Maßnahmen in die Praxis umgesetzt?	Transfer-fördernde und transfer-hemmende Aspekte	Einsatz diverser Transfer-instrumente Lernfeldanalyse Arbeit an Entwicklungs- und Lernkultur Durchführung Zielerreichungskontrollen ...

Abbildung 16 – Seite 2: Toolbox des Bildungscontrollings

	Controlling-Feld	Controlling-Fragestellung	Controlling-Gegenstand	Controlling-Aktivitäten
Fachlich KONTROLLE	Erfolg	Welcher Nutzen wird durch Weiterbildung und Personalentwicklung erzielt?	Dokumentation des Beitrages von Weiterbildung und Personalentwicklung zu strategischen Erfolgspositionen und Zielerreichung	Ist-Soll-Vergleich Dokumentation von Zielerreichung Subjektive Nutzenschätzungen ...
Ökonomisch KONTROLLE	Rentabilität	Lohnt sich eine Investition in Weiterbildung bzw. Personalentwicklung?	Das Verhältnis von Input zu Output bei Weiterbildung und Personalentwicklung	Ermittlung von Deckungsbeiträgen Durchführung von Kosten-Nutzen-Berechnungen Berechnen von Bildungsrenditen Berechnen von Return-On-Invest Berechnen von Amortisations-Zeiträumen ...

Abbildung 16 – Seite 3: Toolbox des Bildungscontrollings

4.2 Planung

Als wohl zentralste Instrumentarien für eine professionelle Planung von Weiterbildung und Personalentwicklung gelten die Bedarfserhebung, die Budgetplanung und die Wirtschaftlichkeitsberechnung.

4.2.1 Bedarfserhebung

Die Symptome für das Nichterreichen von Zielen werden schnell erkannt, die Lösung dafür wird oftmals in ebenso schnell verordneten Trainingsmaßnahmen und Seminaren gesucht. Zumeist bleibt der erwartete Erfolg aus und Begriffe wie „Seminartourismus" oder „Bildung nach dem Gießkannenprinzip" machten die Runde. Das muss nicht so sein.

Die Hebelwirkung einer ziel- und wertschöpfungsorientierten Personalentwicklung entscheidet sich bereits bei der Bedarfserhebung. Damit ist allerdings nicht gemeint, mit welcher Methode der Bedarf erhoben wird. Interview, Dokumentenanalysen, Feldbeobachtungen oder die Befragung, keines der Verfahren ist per se besonders geeignet oder ungeeignet.

Das Ermittlungsprinzip der Bedarfserhebung lässt sich am Selbstverständnis von Weiterbildung und Personalentwicklung prognostizieren. In der Abbildung 17 finden Sie – in Anlehnung an NEUBERGER – die vier größten Stolperfallen der Bildungsbedarfserhebung

Ermittlungsprinzip	Bildungsangebot	Selbstverständnis der Weiterbildung
„Was möchten Sie – wir liefern!“	Abfrage und Befriedigung subjektiver Wünsche und Bedürfnisse	WB als „Christkind“
„Kamillentee hilft bei jeder Krankheit!“	Standardisiertes Einheitsprogramm, das keinem schadet – aber auch nicht wirklich hilft	WB als „Wunderheiler“
„Heute gibt es nur Fisch, auch wenn Sie lieber Fleisch hätten“	(Von Experten) Festgelegtes Zeit- und Mengengerüst	WB als „zentralistischer Planwirtschafter“
„Wir bieten alles an – greifen Sie zu!“	Unabhängiges Angebot einer breiten Seminarpalette	WB als „Bauchladen“

Abbildung 17: Ermittlungsprinzipien der Bedarfserhebung

Aus diesen Stolperfallen kann eine zentrale Erkenntnis abgeleitet werden: keine Maßnahme ohne Bedarf! Dabei unterscheidet sich Bedarf klar von dem Begriff Bedürfnis. Ein Bedürfnis ist der subjektive Wunsch nach etwas. Der Bedarf hingegen ist die „objektive" Notwendigkeit. Ein Bedürfnis nicht zu befriedigen, ist nicht erfolgskritisch. Einen Bedarf nicht zu bedienen, kann erhebliche Konsequenzen nach sich ziehen. Welche Rolle der Personalentwicklung bei der Bedarfserhebung zukommt, hängt maßgeblich an der Rollendefinition, wie sie auch in Abbildung 23 deutlich wird.

4.2.2 Budgetieren

Im Prozess von Planung, Steuerung und Kontrolle ist der identifizierte (Bildungs-)Bedarf die Grundlage für die Budgetierung. Im Rahmen des (Bildungs-)Controlling-Prozesses ist die Budgetierung von Weiterbildung und Personalentwicklung das zentrale betriebswirtschaftliche Planungsinstrument. In einem Budget finden sich alle Mittel, die im Laufe einer Budgetperiode (in der Regel ein Jahr) von den jeweiligen Verantwortlichen verfügt werden können. Es gibt verschiedene Arten, ein Budget zu erstellen, z. B.

▓ als festgelegten Prozentsatz vom Umsatz oder der Lohn- und Gehaltssumme

▓ orientiert am durchschnittlichen Gewinn der vergangenen Jahre

- als Durchschnittsbetrag pro Mitarbeiter
- orientiert am Jahresentgelt eines Mitarbeiters
- festes Budget aus der Erfahrung vergangener Jahre
- Budget für notwendige Maßnahmen, ansonsten fallweise Genehmigung
- auf Grundlage einer Bedarfserhebung

Wer in persona den praktischen Planungsprozess von Weiterbildung und Personalentwicklung verantwortlich übernimmt, ist u.a. abhängig von der aufbauorganisatorischen Struktur des Unternehmens, den Reifestadien der Weiterbildung (vgl. hierzu Abbildung 1) und der grundsätzlichen Verantwortung für Weiterbildung und Personalentwicklung.

Es gibt eine Vielzahl von Gründen, die für eine **dezentrale Budgetierung** sprechen. Vorrangig ist die Verantwortung der Führungskräfte für die Entwicklung ihrer Mitarbeiter zu nennen. Wenn Personalentwicklung eine nicht delegierbare Verantwortung der Führungskraft ist, dann kann es nicht sein, dass diese Verantwortung von den erforderlichen Ressourcen entkoppelt wird.

Aber auch das steigende Kostenbewusstsein der Führungskräfte spricht für eine dezentrale Budgetierung, wenn sichergestellt wird, dass für die getätigten Investitionen von den Führungskräften dann auch nachhaltiger ein Output gefordert wird.

Die Praxis zeigt leider, dass Kostenbewusstsein auch anders verstanden werden kann, denn nicht gerade selten wird mit dem Erfordernis zum Sparen der völlige Verzicht auf Maßnahmen der Weiterbildung oder Personalentwicklung begründet.

Wenn man davon ausgeht, dass PE-Maßnahmen eine sinnvolle Investition in die Human Ressourcen einer Unternehmung darstellen, lassen sich Budgetmittel in der Regel nicht „einsparen". Eine Investition wird dort getätigt, wo der Output größer ist als der Input. „Spart" man nun Mittel ein, so stellt dies unterm Strich keine wirkliche Ersparnis dar. Die Unternehmung hätte ja eigentlich mehr zurückbekommen, als sie letztlich investiert hat.

Es ist zu beobachten, dass ein **einziger zentraler Topf** für Weiterbildung und Personalentwicklung in der Praxis nur zufällig nach strategieumsetzenden Gesichtspunkten eingesetzt wird. Viele Mitarbeiter und Leiter von Weiterbildungs- und Personalentwicklungs-Abteilungen haben die Neigung, ihre Arbeit eher unter egalitären als unter elitären Gesichtspunkten zu betrachten. Um es in aller Deutlichkeit zu formulieren: Das führt in letzter Konsequenz vielfach dazu, dass die Mitarbeiter, die weniger leisten und über weniger Potenzial verfügen, kompensatorische Weiterbildung erhalten. Wir sind der Meinung, dass diese Gruppe von Mitarbeitern nicht denselben Anspruch haben darf wie andere, die gegenwärtige und zukünftige Leistungsträger des Unternehmens sind. Die Abteilungen, Filialen, Niederlassungen oder Bereiche, die für die nähere Zukunft besonders wichtig sind, sind auch die Stellen, welche die meisten Ressourcen erhalten. Aufgabe einer Weiterbildungs- und PE-Abteilung mit Anspruch einer strategieumsetzenden Personalentwicklung ist es, die Starken noch stärker zu machen. Und um mit STIEFEL zu sprechen: Das sind in der Regel nicht die, die bislang bei ihrem zuständigen Weiterbildungssanitäter das „Hansaplast" abgeholt haben.

Die Mischung macht's

Es hat sich in der Praxis vielfach bewährt, ein zentrales Budget für Personalentwicklungs-Aktivitäten nach strategischen Hebelwirkungen zu erstellen, dies aus der PE heraus zu steuern und zu überwachen. Das Budget für die Weiterbildung hingegen wird von den jeweiligen Organisationseinheiten erstellt, die Verantwortung und Überwachung obliegt der Leitung der jeweiligen Organisationseinheiten.

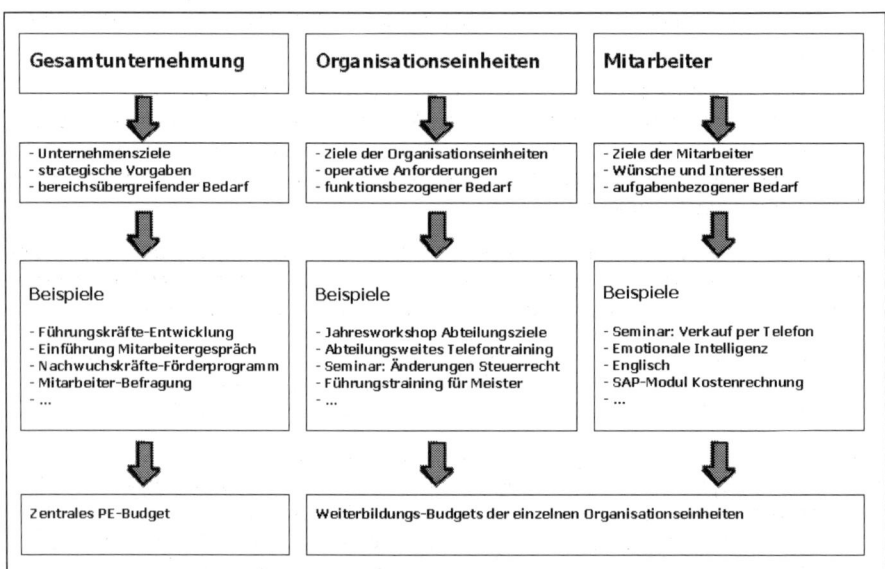

Abbildung 18: Budgetstruktur für Weiterbildung und Personalentwicklung

Aus einer gemischten Budgetstruktur für Weiterbildung und Personalentwicklung ergibt sich eine Notwendigkeit zur Kostentransparenz interner Leistungen ebenso wie der Bedarf zur zeitlichen Koppelung der (Bildungs-)Bedarfs-Erhebung mit der Periode der Budgetplanung.

4.2.3   Was kostet eigentlich ein Seminar?

Für die Kalkulation einer konkreten Maßnahme können Sie das in Abbildung 19 dargestellte Schema verwenden.

Job-Aid

Arbeitsbogen zur Kalkulation eines Trainings

	Entwicklungskosten	in €
	Direkte Personalkosten	
	Personal - Löhne und Gehälter und Nebenkosten hauptberufliches WB-Personal - Löhne und Gehälter und Nebenkosten nebenberufliches WB-Personal - Zusatzkosten und Aufwandsentschädigung für interne Referenten	
=	Zwischensumme 1	
	Direkte Sachkosten	
	Seminar- und Prüfungsgebühren - Honorare für externe Trainer - Gebühren für Teilnahme an Prüfungen	
+	Raumkosten - Miet- oder Leasingkosten für Trainingsräumlichkeiten - Mietnebenkosten für Trainingsräumlichkeiten - ggf. kalkulatorische Raumkosten	
+	Material, Medien und Dienstleistungen - (Anteiliger) Kaufpreis für Ausrüstung/Medien - Miet- oder Leasingkosten für Ausrüstung/Medien - Erworbenes Material für die Materialien - Externe Druck- und Reproduktionskosten - Sonstiges Material, Medien und Dienstleistungen	
+	Reisekosten - Fahrtkosten Trainingspersonal - Verpflegungsmehraufwendungen Trainingspersonal - Fahrtkosten Teilnehmer - Verpflegungsmehraufwendungen Teilnehmer	
+	Kosten für Unterkunft und Verpflegung - Unterkunft Trainingspersonal - Sonstige Aufwendungen Trainingspersonal (z. B. Spesen) - Unterkunft Teilnehmer - Sonstige Aufwendungen Teilnehmer	
=	Zwischensumme 2	
	Indirekte Personalkosten	
	Personal - Fortzahlung der Löhne und Gehälter und Nebenkosten Teilnehmer - Zusatzkosten für Teilnehmer (z.B. Überstundenausgleich) - Opportunitätskosten Teilnehmer	
+	Allgemeine Verwaltungskosten - Nicht zugeordnetes Gehalt Abteilungsmanagement - Nicht zugeordnete Gehälter sonstiges WB-Personal - Nicht zugeordnete Gehälter des Administrations- und Hilfspersonals	
=	Zwischensumme 3	
	Indirekte Sachkosten	
	Gemeinkosten - Mietkosten für Büro - Kommunikations- und sonstige Nebenkosten - Büroausstattung und sonstige Materialien - Kapitalisierung der Geschäftsausstattung	
	Allgemeine Kosten - Zugeschlüsselte Gemeinkosten - Eigene Reisekosten, die nicht zugerechnet werden können	
=	Zwischensumme 4	
	Übertrag Zwischensumme 1	
+	Übertrag Zwischensumme 2	
+	Übertrag Zwischensumme 3	
+	Übertrag Zwischensumme 4	
=	Gesamtsumme Entwicklungskosten	

Abbildung 19 – Seite 1: Was kostet eigentlich ein Seminar?

51

Durchführungskosten	in €
Direkte Personalkosten	
Personal - Löhne und Gehälter und Nebenkosten hauptberufliches WB-Personal - Löhne und Gehälter und Nebenkosten nebenberufliches WB-Personal - Zusatzkosten und Aufwandsentschädigung für interne Referenten	
= Zwischensumme 5	
Direkte Sachkosten	
Seminar- und Prüfungsgebühren - Honorare für externe Trainer - Gebühren für Teilnahme an Prüfungen	
+ Raumkosten - Miet- oder Leasingkosten für Trainingsräumlichkeiten - Mietnebenkosten für Trainingsräumlichkeiten - ggf. kalkulatorische Raumkosten	
+ Material, Medien und Dienstleistungen - (Anteiliger) Kaufpreis für Ausrüstung/Medien - Miet- oder Leasingkosten für Ausrüstung/Medien - Erworbenes Material für die Materialien - Externe Druck- und Reproduktionskosten - Sonstiges Material, Medien und Dienstleistungen	
+ Reisekosten - Fahrtkosten Trainingspersonal - Verpflegungsmehraufwendungen Trainingspersonal - Fahrtkosten Teilnehmer - Verpflegungsmehraufwendungen Teilnehmer	
+ Kosten für Unterkunft und Verpflegung - Unterkunft Trainingspersonal - Sonstige Aufwendungen Trainingspersonal (z. B. Spesen) - Unterkunft Teilnehmer - Sonstige Aufwendungen Teilnehmer	
= Zwischensumme 6	
Indirekte Personalkosten	
Personal - Fortzahlung der Löhne und Gehälter und Nebenkosten Teilnehmer - Zusatzkosten für Teilnehmer (z.B. Überstundenausgleich) - Opportunitätskosten Teilnehmer	
+ Allgemeine Verwaltungskosten - Nicht zugeordnetes Gehalt Abteilungsmanagement - Nicht zugeordnete Gehälter sonstiges WB-Personal - Nicht zugeordnete Gehälter des Administrations- und Hilfspersonals	
= Zwischensumme 7	
Indirekte Sachkosten	
Gemeinkosten - Mietkosten für Büro - Kommunikations- und sonstige Nebenkosten - Büroausstattung und sonstige Materialien - Kapitalisierung der Geschäftsausstattung	
Allgemeine Kosten - Zugeschlüsselte Gemeinkosten - Eigene Reisekosten, die nicht zugerechnet werden können	
= Zwischensumme 8	
Übertrag Zwischensumme 5	
+ Übertrag Zwischensumme 6	
+ Übertrag Zwischensumme 7	
+ Übertrag Zwischensumme 8	
= Gesamtsumme Durchführungskosten	

Abbildung 19 – Seite 2: Was kostet eigentlich ein Seminar?

Entwicklungskosten pro Training

Entwicklungskosten	Kosten in €
Gesamtsumme Entwicklungskosten	
: ___ (Anzahl) vorgesehene Trainingsdurchführungen	
= Entwicklungskosten pro Training	

Durchführungskosten pro Teilnehmer

Durchführungskosten	Kosten in €
Gesamtkosten des Trainings	
: ___ (Anzahl) Teilnehmer pro Training	
= Kosten je Teilnehmer	

Abbildung 19 – Seite 3: Was kostet eigentlich ein Seminar?

Während bei einer Lehrgangsdurchführung die Kosten in dem Maße ansteigen, in dem Lehrgänge realisiert werden (da hiermit ja beispielsweise Honorare oder Verbrauchsmaterialien ansteigen), fallen die Kosten für eine Lehrgangsentwicklung zunächst nur einmal an. Der Anteil der Entwicklungskosten wird umso geringer, je öfter die Lehrgänge gleichartig durchgeführt werden können. Darüber hinaus finden sich noch weitere Positionen, die es zu berücksichtigen gilt. Hier bietet sich die Berechnung des Deckungsbeitrages an.

4.2.4 Deckungsbeitrags-Rechnung

Die Deckungsbeitrags-Rechnung ist eine grundlegende betriebswirtschaftliche Disziplin. Für die Kalkulation von Weiterbildungs- und Personalentwicklungsaktivitäten bietet sich diese Berechnungsweise an. Aber auch für die Entwicklung möglicher Verrechnungspreise eignet sich dieses Verfahren ausgezeichnet.

Im Folgenden beschränken wir uns auf die Berechnung der Deckungsbeiträge 1–3, die für die Belange der meisten Bereiche der Personalentwicklung übrigens vollkommen ausreichend sind. Unabhängig davon, welchen der Deckungsbeiträge Sie kalkulieren, vereinfacht kann man sagen:

▨ Ist der Deckungsbeitrag positiv, so haben Sie einen Gewinn erwirtschaftet – dies entspricht der Idee eines Profit Centers.

▨ Ist Ihr Deckungsbeitrag (in etwa) gleich null, dann haben Sie (in etwa) Ihre Kosten erwirtschaftet – dies entspricht sehr allgemein formuliert der Idee eines Cost Centers.

▓ Ist der Deckungsbeitrag negativ, dann haben Sie mehr Geld ausgegeben, als Sie erwirtschaftet haben.

Beispiel:

Zunächst einmal ganz allgemein formuliert:

| | Brutto-Erträge |
| minus | Ertragsminderungen |

| | Netto-Ertrag |
| minus | Direkte variable Aufwände |

| | Deckungsbeitrag 1 |
| minus | Fixe Bereichskosten |

| | Deckungsbeitrag 2 |
| minus | Zugeschlüsselte Gemeinkosten |

| | Deckungsbeitrag 3 |

Für die Kalkulation eines Seminars könnte eine Deckungsbeitrags-Rechnung beispielsweise so aussehen:

| | Seminarpreis x Anzahl Teilnehmer |
| minus | Rabatte/Gutschriften |

| | **Netto-Ertrag** |
| minus | Kosten Trainer/Materialkosten/Raummiete |

| | **Deckungsbeitrag 1** |
| minus | Gehälter Mitarbeiter/Reisekosten |

| | **Deckungsbeitrag 2** |
| minus | Reinigung/EDV/Miete |

| | **Deckungsbeitrag 3** |

Zur Berechnung Ihres Deckungsbeitrages gehen wir nun Schritt für Schritt vor. Hintergrund unseres Fallbeispiels ist die Überlegung, dass Sie die Leitung eines Trainingsbereiches innehaben und plus/minus null Ihre Leistungen intern verrechnen wollen. Wir beginnen mit der Berechnung des Netto-Ertrags.

Berechnung Netto-Ertrag

Für die Berechnung des Netto-Ertrags werden die Brutto-Erträge der Tätigkeit berechnet und Ertragsminderungen wie z. B. Rabatte, Gutschriften o. Ä. abgezogen.

1. Kosten pro Trainertag

Die Kosten eines Trainertages für einen externen Trainer sind evident. Für die Berechnung eines internen Trainertages verwenden Sie folgende Faustformel:

	Ihr Wert:	Beispiel:
Durchschnittliches Trainerbruttogehalt	_____	50.000 €
+ 77,5 % Lohnnebenkosten	_____	+_____ 38.750 €
: durchschnittliche Anzahl Trainingstage	_____	: 100 Trainingstage
= **Kosten Trainertag**	_____	= **887,50 €**

Achtung Stolperfalle! Werden weniger Trainingstage als geplant durchgeführt (z. B. wegen Storno), gibt es eine Unterdeckung in Ihrem Budget (Sie haben zu wenig Geld verrechnet) – werden mehr Trainings durchgeführt, folgt ein Überschuss (Sie haben zu viel Geld verrechnet). Gerade wenn Ihr Ziel eine Null ist, wirken sich Fehlkalkulationen unangenehm aus. Die durchschnittliche Annäherung über alle Seminare hinweg ergibt einen soliden – aber nicht exakten – Kostenausgleich. Davon unberührt bleibt der Bedarf für eine solide Stornoregelung.

2. Kalkulation der Kosten eines Trainertags pro Teilnehmer

Die Kosten für einen Trainertag werden für externe und interne Trainer identisch berechnet. In unserem Beispiel rechnen wir mit dem Wert aus dem obigen Beispiel für einen internen Trainer weiter. Verwenden Sie folgende Faustformel:

	Ihr Wert:	Beispiel:
Kosten Trainertag	_____	887,50 €
: mittlere Teilnehmerzahl pro Seminar	_____	: 10 Teilnehmer
= **Kosten Trainertag pro Teilnehmer**	_____	= **88,75 €**

Achtung Stolperfalle! Wird die kalkulierte, mittlere Teilnehmerzahl nicht erreicht oder überschritten, so schwanken die tatsächlichen Trainerkosten von Veranstaltung zu

Veranstaltung. Es wird entweder nicht kostendeckend gearbeitet oder ggf. unerwünschter Gewinn erwirtschaftet. Es lohnt sich, das bei Ihnen übliche Stornoverhalten zu berücksichtigen.

3. Kalkulation möglicher Rabatte oder Gutschriften

Service-Standards, die zu möglichen Gutschriften führen, oder Rabatte für Aktivitäten, die beispielsweise vergeben werden können, wenn mehrere Personen einer Organisationseinheit an einer Maßnahme teilnehmen, sind leider nur in der Praxis weniger Unternehmen verankert. Die Kalkulation solcher Gutschriften bleibt deswegen auch in unserer Modellrechnung außen vor.

Sind Sie ein Trainings-Institut, das seine Leistungen auf dem freien Markt anbietet oder ggf. als outgesourcte Weiterbildungsabteilung tätig wird, tun Sie gut daran, hier nicht auf die Kalkulation eines Betrages zu verzichten.

Berechnung Deckungsbeitrag 1

Der Deckungsbeitrag 1 gibt Ihnen Auskunft über den erwirtschafteten Netto-Ertrag Ihrer Tätigkeit (beispielsweise der Durchführung von Seminaren mit internen Trainern) abzüglich der direkten variablen Aufwände, wie z. B. die Kosten für Material oder Räumlichkeiten.

	Brutto-Erträge
minus	Ertragsminderungen
	Netto-Ertrag
minus	Direkte variable Aufwände
	Deckungsbeitrag 1
minus	Fixe Bereichskosten
	Deckungsbeitrag 2
minus	Zugeschlüsselte Gemeinkosten
	Deckungsbeitrag 3

	Ihr Wert:	Beispiel:	
Anzahl Teilnehmer pro Jahr	_____		30 Teilnehmer
x Anzahl Seminartage pro Jahr	_____	x	6 Seminartage
x Kosten pro Teilnehmertag	_____	x	88,75 €
= Zwischensumme 1	_____	=	15.975,00 €
– Rabatte oder Gutschriften	_____	–	0,00 €
= Netto-Ertrag	_____	=	**15.975,00 €**
– z. B. Material-/Raumkosten	_____	–	1.500,00 €
= Deckungsbeitrag 1	_____	=	**14.475,00 €**

Im Regelfall werden Sie feststellen, dass bei der Berechnung des Deckungsbeitrages 1 Reise- und Hotelkosten einen ganz erheblichen Anteil an der Schmälerung Ihres Deckungsbeitrages haben (bis zu 80 Prozent der gesamten Aufwendungen des Deckungsbeitrages 1). Berechnet man ausschließlich den Deckungsbeitrag 1, reduziert sich der Wert der Kennzahl ausschließlich auf das Verhältnis von Teilnehmerzahl zu Trainingskosten. Das aber wiederum bringt keinen aussagekräftigen Nutzenaspekt.

Berechnung Deckungsbeitrag 2

Ausgehend vom Deckungsbeitrag 1 bringt man nun die fixen Bereichskosten in Abzug, beispielsweise nicht verrechenbare Gehälter, so erhält man den Deckungsbeitrag 2.

	Brutto-Erträge
minus	Ertragsminderungen
	Netto-Ertrag
minus	Direkte variable Aufwände
	Deckungsbeitrag 1
minus	Fixe Bereichskosten
	Deckungsbeitrag 2
minus	Zugeschlüsselte Gemeinkosten
	Deckungsbeitrag 3

	Ihr Wert:	Beispiel:
Deckungsbeitrag 1	_____	14.475,00 €
– z.B. anteilige Gehälter MA	_____	– 900,00 €
= Deckungsbeitrag 2	_____	= 13.575,00 €

Bei den anteiligen Gehältern wurden in diesem Fall 6 Tage einer Team-Assistenz mit einem Jahresgehalt von 30.000 € einkalkuliert. Was den Deckungsbeitrag 2 angeht, wirken sich vor allem die anteiligen Gehälter schmälernd auf Ihren Deckungsbeitrag aus.

Berechnung Deckungsbeitrag 3

Ausgehend vom Deckungsbeitrag 2 bringt man die zugeschlüsselten Gemeinkosten in Abzug, beispielsweise Miete, Reinigung, IT-Entwicklungskosten usw. Man erhält den Deckungsbeitrag 3.

	Brutto-Erträge
minus	Ertragsminderungen
	Netto-Ertrag
minus	Direkte variable Aufwände
	Deckungsbeitrag 1
minus	Fixe Bereichskosten
	Deckungsbeitrag 2
minus	Zugeschlüsselte Gemeinkosten
	Deckungsbeitrag 3

	Ihr Wert:	Beispiel:
Deckungsbeitrag 2	_____	**13.575,00 €**
– z.B. anteilige Miete/Reinigung/IT	_____	– 19.200,00 €
= **Deckungsbeitrag 3**	_____	= **– 5.625,00 €**

Der Differenzbetrag in Höhe von 5.625,00 € bedeutet, dass es sich hierbei um einen Betrag handelt, der noch nicht durch Erträge erwirtschaftet wurde. Gäbe es keine weiteren verrechenbaren Leistungen, so müsste dieser Betrag auf das Seminarangebot umgelegt werden. Will man nun die Kosten für ein Seminar berechnen, so stellt man fest, dass sich der Seminarpreis durch die zugeschlüsselten Gemeinkosten ganz erheblich erhöht.

Kostentreiber Personal

Den wirklichen Kostentreiber aber findet man in dem Lohnausfall und den Opportunitätskosten – also den kalkulatorischen Kosten für entgangene Gewinne. Das lässt sich leicht rechnerisch überschlagen. Nehmen wir einmal an, jeder Mitarbeiter, der an einem Seminar teilnimmt, bewirkt Lohnausfallkosten in Höhe eines Verrechnungspreises für einen Projektmitarbeiter. (Wie hoch dieser Wert bei Ihnen ist, können Sie im Regelfall aus internen Bereichen, wie z. B. Controlling, Betriebswirtschaft, Projektmanagement, Betriebsorganisation o. Ä. erfahren. Wahrscheinlich wird sich der Betrag um die 300 € bewegen.) Machen wir eine Überschlagsrechnung:

	Ihr Wert:		Beispiel:
Anzahl Teilnehmer	_____		10 Teilnehmer
x Anzahl Seminartage	_____	x	2 Seminartage
x Lohnausfallkosten pro Teilnehmer	_____	x	300,00 €
= Zwischensumme	_____	=	6.000,00 €
+ Seminarkosten (Referent/Raum/Material)	_____	–	2.387,00 €
= Gesamt	_____	=	**8.387,00 €**

Die eigentlichen Kostentreiber sind offensichtlich nicht im Bereich der Kostenblöcke von Referent, Raum oder Material zu sehen. Diese verursachen bei unserer Rechnung nur einen Bruchteil der Kosten.

4.2.5 Wirtschaftlichkeitsprüfung

Wie jeder andere Funktionsbereich, so unterliegen auch die Bereiche Weiterbildung und Personalentwicklung dem Gebot der Wirtschaftlichkeit. Wenngleich nicht alle Entscheidungen ausschließlich unter ökonomischen Gesichtspunkten getroffen werden, so gilt es zunächst, die einmal bestimmten Ziele mit den geringst möglichen Kosten zu erreichen. Die zentrale Fragestellung lautet: Wird der Bedarf preiswert abgedeckt? Der Begriff preiswert ist dem wortwörtlichen Sinn nach zu verstehen – nämlich so, dass etwas seinen Preis wert ist. Eine wichtige Aufgabe der Wirtschaftlichkeitskontrolle ist es, Kostenvergleichsrechnungen anzustellen. Am häufigsten ist hier wohl die Entscheidung für eine interne Durchführung im Gegensatz zu einer externen Entsendung mehrerer Teilnehmer zu nennen.

Um alle ökonomischen Planungsaufgaben erfolgreich zu bestreiten, ist betriebswirtschaftliche Kompetenz eine notwendige, aber nicht eine hinreichende Bedingung. Die Entscheidung über die Wirtschaftlichkeit eines Mitteleinsatzes bedarf eines gerüttelten Maßes an fachlicher Expertise. So sind hier die unterschiedlichsten Arten von Entscheidungen zu treffen, z. B.:

▓ Wie schneiden konkurrierende oder ergänzende Maßnahmen in einem Preis-Leistungs-Vergleich ab (z. B. E-Learning vs. Präsenz-Seminar)?

▓ Sind die monetären und zeitlichen Kosten für ein Lernen off-the-job der Themenstellung und dem erwarteten Ergebnis angemessen?

▓ Ist das Honorar für einen externen Trainer angemessen und wie erklärt sich der teilweise erhebliche Preis-Leistungs-Vergleich externer Anbieter?

▓ Lohnt es sich, hauptberufliches Weiterbildungspersonal vorzuhalten oder ist Outsourcing der Weiterbildung eine ernst zu nehmende Alternative?

▓ ...

Die vielfältigen Fragestellungen sind immer im Einzelfall und unter Berücksichtigung der individuellen Bedingungen zu prüfen.

Die beste Gelegenheit, um sich mit der Wirtschaftlichkeit einzelner Maßnahmen zu befassen, ist dann, wenn es (noch) nicht zwingend erforderlich ist – also zumeist in wirtschaftlich starken Zeiten. Die Etablierung von Wirtschaftlichkeitsberechnungen kann ohne das Risiko nachhaltiger Konsequenzen – auch ohne offiziellen Auftrag – getestet werden. Idealerweise sollte man sich hierfür auch keine allzu großen Projekte oder allzu schwierigen Kunden aussuchen, bis man hinreichend Sicherheit im Umgang mit diesem Planungs-Instrumentarium erlangt hat.

4.3 Steuerung

Die wichtigsten Instrumente zur Steuerung von Weiterbildung und Personalentwicklung sind die vielfältigen Maßnahmen zur Qualitätssicherung. Besondere Schlagkraft entfalten die Aktivitäten bei der Auswahl externer Dienstleister, der Sicherstellung eines hohen Niveaus bei der Durchführung von Veranstaltungen und der Kostenkontrolle.

4.3.1 Qualitätssicherung bei der Auswahl externer Dienstleister

Die Auswahl externer Dienstleister respektive externer Trainer ist ein oftmals unterschätzter Aufgabenbereich von Weiterbildnern und Personalentwicklern. Formale Ausbildungen hierzu gibt es kaum, Entscheidungen werden oftmals suboptimal getroffen, es kommt zu Entscheidungen aufgrund

- des Bauchgefühls der Personalabteilung,
- des persönlichen Bekanntheitsgrades mit einem Mitglied des Top-Managements,
- der Zugehörigkeit zu einer bekannten Berater-Organisation oder auch nur
- des einschlägig bekannten Sitzes in einem malerischen Consulting-Valley.

Vielleicht gibt es seit der Einführung der Qualitätsnormen nach ISO auch einen definierten Prozess zur Bewertung von Lieferanten, aber faktisch wird sich der formale Aspekt auf Kriterien erstrecken, die sowieso nahezu jeder Dienstleister erfüllt.

Selektionsmuster für oder gegen Trainingsinstitute neben dem Preis sind Branchenkenntnisse, ein adäquater persönlicher Erfahrungshintergrund, eine angemessene Dauer in der Tätigkeit als Trainer.

Der Bedarf an einem Gütesiegel ist offenbar – Bestrebungen im deutschsprachigen Raum sind bislang mit wenig Erfolg gesegnet. Es bleibt die Möglichkeit zur individuellen Vereinbarung von variablen Vergütungen, die sich am Umfang des Outputs messen lassen. Dem interessierten Leser empfehlen wir Nikki Harramachs Buch Trainings-ErfolgsKontrolle.

4.3.2 Sicherstellen der Durchführungsqualität

Zur professionellen Steuerung von Weiterbildungs- und Personalentwicklungsabteilungen sind unterschiedliche Aktivitäten zielführend. Ein wichtiges Merkmal der professionellen Steuerung findet sich in einem hohen Niveau der Abwicklung und Durchführung von Veranstaltungen. Dass stimmige Rahmenfaktoren wie geeignete Seminarräume zu einem Lernerfolg beitragen, ist aus der Pädagogik bekannt. Darüber hinaus sind gerade im Bereich der Servicekräfte für die Administration gemeinsam Qualitätsstandards und Service-Level-Agreements festzulegen. Diese fokussieren zumeist Aspekte wie Erreichbarkeit, Pünktlichkeit, Fehlerfreiheit, Freundlichkeit.

Aber auch für die operative Durchführung von Trainings oder Seminaren hat es sich bewährt, qualitätssichernd tätig zu werden. Vor der Einführung umfangreicher Maßnahmen beispielsweise, lohnt es sich, eine entsprechende Pilotveranstaltung durchzuführen und im Nachgang kritisch zu reflektieren.

Darüber hinaus sollte man die regelmäßige Überprüfung dieser Umsetzungsqualität nicht vernachlässigen. Die wohl einfachste Variante ist die regelmäßige und vollständige Überprüfung der Qualität Ihrer Veranstaltungen anhand von Feedback-Bögen und stichprobenartig auch im informellen Dialog mit Teilnehmern. Auffälligkeiten über ein definiertes Niveau hinaus sollten allerdings immer sofort nachgehalten werden. WUNDERER empfiehlt die Einführung eines Seminarverantwortlichen.

Der Seminarverantwortliche (SV)

* sorgt für die gesamte Vorarbeit zur Umsetzung des Bedarfs im Bildungsprogramm (Trainerauswahl, Termine, Vor-/Nachbereitung, Aufmachung etc.)

* stellt Vor- und Nachbereitung sicher und beurteilt den „Erfolg der Veranstaltung" aus den Instrumenten und entscheidet über Fortführung/Änderung der Maßnahme

* Ansprechpartner für tiefere Fragen der Teilnehmer und Führungskräfte zu Zielsetzung, Inhalten, Ablauf

Jedes Training hat einen SV, egal ob interne oder externe Trainer eingesetzt werden

Führungskraft   **Teilnehmer**

Trainer

Abbildung 20: Der Seminarverantwortliche

Diese Funktion eines Seminarverantwortlichen bereichert das Aufgabenspektrum einer Servicekraft für die Seminarorganisation erheblich. Die konkrete Ausgestaltung der Aktivitäten ist fallweise zu vereinbaren. Denkbar ist z. B. auch die Verantwortung für ein periodisches Infragestellen von Gewohnheiten und vermeintlichen Besitzständen, denn wer kennt nicht den Fall, dass extern trainierte Maßnahmen nach einiger Zeit keine Überprüfung auf inhaltliche Überschneidungen mehr erfahren oder dass z. b. interne Trainer Lieblingsthemen entwickeln, die aber keinen tatsächlichen Nutzen für das Unternehmen stiften.

4.3.3 Kostenkontrolle

Auch wenn die Berechnung des Nutzens von Maßnahmen der Weiterbildung und Personalentwicklung als der „schwierigere Teil" wahrgenommen wird, so steckt der Teufel im Detail, wenn man sich mit der Kostenseite beschäftigt. Für die konkrete betriebswirtschaftliche Steuerung von Maßnahmen der Weiterbildung und Personalentwicklung spielt insbesondere die Kostenkontrolle eine wichtige Rolle. Dazu müssen die relevanten Kosten zunächst einmal in geeigneter Weise erfasst werden. Und auch diesbezüglich herrscht in der Praxis wenig Einigkeit. Im Hinblick auf die Ermittlung von Weiterbildungskosten ist es seit der ersten größeren Erhebung durch die so genannte Edding-Kommission üblich, zwischen direkten und indirekten Kosten zu unterscheiden.

Direkte Kosten erfassen alle Einzel- und Gemeinkosten, die im Zusammenhang mit der Durchführung von Weiterbildungsmaßnahmen anfallen. Bei einer entsprechenden Aufschlüsselung können diese Kosten unmittelbar dem betrieblichen Rechnungswesen entnommen oder über eine entsprechende Schlüsselung und Zuordnung zu Kostenstellen entnommen werden. Bei den direkten Kosten kann man zwischen den Sach- und den Personalkosten unterscheiden.

Zu den Sachkosten zählen:

- Seminar- und Prüfungsgebühren
- Honorare für externe Trainer
- Reisekosten der Teilnehmer
- Verpflegungsaufwendungen
- Mieten und Mietnebenkosten
- Abschreibungen
- Aufwendungen für Materialien und Medien

Zu den Personalkosten rechnet man:

- Löhne und Gehälter für haupt- und nebenamtliches Weiterbildungspersonal
- Zusatzzahlungen für interne Trainer

Die **indirekten Kosten** entstehen durch die Freistellung der Mitarbeiter für die Teilnehme an Weiterbildungsmaßnahmen. Indirekte Kosten werden deshalb für die Dauer der

Freistellung und in Höhe der Lohnfortzahlung durch den Betrieb kalkuliert. Üblicherweise werden diese Kosten in den Weiterbildungsbudgets nicht ausgewiesen. Bei einer theoretischen betriebswirtschaftlichen Betrachtung dürfen diese nicht außer Acht gelassen werden – bei einer praxisnahen und pragmatischen Betrachtung spielen diese Kosten eine untergeordnete Rolle.

Für eine korrekte Erfassung der indirekten Kosten müsste jeder Weiterbildungsteilnehmer die genauen Abwesenheitszeiten vom Arbeitsplatz aufgrund der Teilnahme an der Bildungsmaßnahme sowie die individuellen Kosten pro Stunde erfassen. Darüber hinaus sind Opportunitätskosten zu kalkulieren, also die Kosten für entgangene Gewinne, die nicht durch eine anschließende, zusätzlich fakturierte Mehrleistung aufgearbeitet werden.

Es ist offenkundig, dass ein solches Verfahren äußerst aufwändig und wenig praktikabel wäre. Üblicherweise werden die Abwesenheiten vom Arbeitsplatz mit durchschnittlichen Kostensätzen je Arbeitsstunde gewichtet und unterstellt, dass eine kostenneutrale Kompensation von Gehalt nicht erfolgt ist.

Die Entscheidung darüber, für welche Weiterbildungsmaßnahmen die Kosten in welchem Detaillierungsgrad erfasst werden, wird von Unternehmen zu Unternehmen unterschiedlich gehandhabt. Die folgenden Kostenpositionen haben sich in der Praxis etabliert.

Kostennote

Direkte Personalkosten

Personal
- Löhne und Gehälter und Nebenkosten hauptberufliches WB-Personal
- Löhne und Gehälter und Nebenkosten nebenberufliches WB-Personal
- Zusatzkosten und Aufwandsentschädigung für interne Referenten

Direkte Sachkosten

Seminar- und Prüfungsgebühren
- Seminargebühren
- Honorare für externe Trainer
- Gebühren für Teilnahme an Prüfungen

Raumkosten
- Miet- oder Leasingkosten für Trainingsräumlichkeiten
- Mietnebenkosten für Trainingsräumlichkeiten

Material, Medien und Dienstleistungen
- Kaufpreis für Ausrüstung/Medien
- Miet- oder Leasingkosten für Ausrüstung/Medien

Abbildung 21 – Seite 1: Kostenpositionen

- erworbenes Material für die Materialien
- externe Druck- und Reproduktionskosten
- sonstiges Material, Medien und Dienstleistungen

Reisekosten
- Fahrtkosten Trainingspersonal
- Verpflegungsmehraufwendungen Trainingspersonal
- Fahrtkosten Teilnehmer
- Verpflegungsmehraufwendungen Teilnehmer

Kosten für Unterkunft und Verpflegung
- Unterkunft Trainingspersonal
- sonstige Aufwendungen Trainingspersonal (z. B. Spesen)
- Unterkunft Teilnehmer
- sonstige Aufwendungen Teilnehmer

Indirekte Personalkosten

Personal
- Fortzahlung der Löhne und Gehälter und Nebenkosten Teilnehmer
- Zusatzkosten für Teilnehmer (z. B. Überstundenausgleich)
- Opportunitätskosten Teilnehmer

Allgemeine Verwaltungskosten
- nicht zugeordnetes Gehalt Abteilungsmanagement
- nicht zugeordnete Gehälter sonstiges WB-Personal
- nicht zugeordnete Gehälter des Administrations- und Hilfspersonals

Indirekte Sachkosten

Gemeinkosten
- Mietkosten
- Büroausstattung und sonstige Materialien
- Kapitalisierung der Geschäftsausstattung

Allgemeine Kosten
- Reisekosten, die den Gemeinkosten zugerechnet werden

Abbildung 21 – Seite 2: Kostenpositionen

Unternehmensvergleiche zu den Weiterbildungskosten offenbaren große Unterschiede, werden doch ganze – nicht unerhebliche – Positionen teilweise auf Kostenstellen verbucht, die im Nachhinein eine Zuordnung zu Weiterbildung nur noch unter erschwerten Bedingungen ermöglichen – am häufigsten vorzufinden bei den Reisekosten. Umfang und Detaillierungsgrad der Kostenerfassung und Kostenverrechnung richten sich primär nach der Ausgestaltung der übrigen Bereiche des betrieblichen Rechnungswesens. Aber auch bei den öffentlichen Kennzahlen, z. B. des Instituts der deutschen Wirtschaft, findet sich eine Sollbruchstelle zur Praxis. So werden hier beispielsweise regelmäßig die Lohnausfallkosten einberechnet. Laut Bundesinstitut für Berufsbildung machen dies aber nur rund 20 % der Betriebe, die ein Bildungscontrolling durchführen.

Interne Verrechnung von Weiterbildungskosten

Während in kleinen und mittelständischen Unternehmen die Aufwendungen für Personalentwicklung und Weiterbildung direkt den Personalkosten oder den jeweiligen projektbezogenen Kostenstellen zugeordnet werden, stellt sich für Mittelstandsunternehmen und größere Betriebe hier eine entscheidende Frage. Die interne Abrechnung der Einzel- und Gemeinkosten ist deswegen so entscheidend, weil hier festgelegt wird, wie die Mittel für Weiterbildung beschafft werden sollen, wer die Kosten letztlich trägt und nach welchem Verfahren die Zurechnung erfolgt. Angefangen beim Gesellschaftsrecht, über das Steuerrecht und ggf. auch Forderungen von Aufsichtsämtern u. ä. Institutionen sowie den unterschiedlichsten Lehrmeinungen von der reinen Wissenschaft bis hin zur praktischen Beratung durch Consulting-Unternehmen oder Wirtschaftsprüfer: Die Entwicklung und Erstellung von Verrechnungspreisen unterliegt in Deutschland einer Vielfalt von Empfehlungen, Verordnungen und Erlassen. Eine – auch nur im Ansatz – befriedigende Abhandlung des Themas sprengt den Rahmen des Buches bei weitem. Deswegen sollen an dieser Stelle nur die beiden gängigsten Verfahren grob skizziert werden: die Umlage nach einem Gemeinkostenschlüssel (beispielsweise nach Kopfzahlen) oder der Versuch der verursachungsgerechten Zuordnung durch interne Verrechnungspreise.

Der Vorteil des **Umlageverfahrens nach einem Gemeinkostenschlüssel** liegt in der einfachen Handhabbarkeit und Nachvollziehbarkeit des Vorgehens. Nachteilig wirkt sich das allerdings dann aus, wenn es sich nicht um ein potenziell gleichmäßig verteiltes Weiterbildungsbudget handelt. Erfahren einzelne Organisationseinheiten oder ausgewählte Schlüsselpersonen ein größeres Budget als andere Bereiche – was durchaus wünschenswert ist, wenn hierdurch ein besonders markanter Nutzen gestiftet wird –, entsteht schnell einmal Unmut. Darüber hinaus besteht die Gefahr der Entkoppelung von der Verantwortung für die Wertentwicklung des Humankapitals bei den einzelnen Managementfunktionen, wenn ihnen diesbezügliche Kostenverantwortung entzogen ist.

Eine **verursachungsgerechte Verrechnung** entspricht dem Prinzip, Kosten dort zu planen und zu verantworten, wo sie entstehen. Darüber hinaus bleibt die Führungskraft in der Verantwortung für die Entwicklung der Weiterbildungssteuerung. Vorgesetzte, die der Weiterbildung weniger aufgeschlossen gegenüberstehen, können die Entwicklung zugeordneter Mitarbeiter durchaus blockieren. Die finanzielle Beteiligung an einer allgemeinen Bedarfsdeckung des Unternehmens ist oftmals langwierig. Das Risiko, dass hier unter vermeintlich wirtschaftlichem Handeln auf einen günstigeren Anbieter ausgewichen wird, kann eine gemeinsame Qualitätspolitik in der Weiterbildung erheblich erschweren.

Was sich rechnet und was nicht

Maßnahmen zur Effizienzsteigerung haben den größten Hebel bei den indirekten Kosten. Wie wir gesehen haben, finden sich die tatsächlichen Kostentreiber eines Seminars in den Lohnausfall- bzw. Opportunitätskosten[1]. Bei der europäischen Weiterbildungserhebung (CVTS) ermittelten Kosten entfallen 4 % auf die Lohnfortzahlung, bei WEIß beziffert sich der Anteil für 1998 sogar auf 52,9 %. Auch wenn diese Werte keinen Eingang in die Darstellung von Kennzahlen finden, als Argument haben die Lohnausfallkosten einen zentralen Wert: Durch das Einkalkulieren der Position „Lohnausfallkosten" relativiert sich vielleicht das Bedürfnis nach Seminaren der Art „Gewaltfreies Töpfern in der Toskana" oder „Führen lernen durch Fackeltauchen".

Mindestens bis zum Beleg, dass Weiterbildung und Personalentwicklung einen messbaren Beitrag zur Wertschöpfung leisten, bleibt die Forderung des klassischen Kostenrechners bestehen. Und weil der größte Kostenblock im Bereich der indirekten Kosten liegt, ist es verständlich, dass Unternehmen bestrebt sind, Weiterbildungszeiten zu verkürzen oder Lernzeiten aus der Arbeits- in die Freizeit zu verlagern. Aus reiner Kostenperspektive ist das nicht nur schlüssig, sondern sogar klug. Es ist ganz klar: Lernen und Entwicklung kostet Geld. Wenn Weiterbildung und Personalentwicklung allerdings nicht als Kostenfaktor gesehen werden sollen, sondern als Investition betrachtet werden soll, dann muss ein differenziertes Augenmerk erfolgen – vor allem auf Aspekte der Transfer-, Erfolgs- und Rentabilitätskontrolle.

4.4 Kontrolle

Während in nahezu allen Unternehmungen – unabhängig von Branche oder Mitarbeiterzahl die Kosten für Weiterbildung erfasst werden, so ist es eher die Ausnahme, dass eine Erfolgskontrolle vorgenommen wird. Kontrolle von Weiterbildung und Personalentwicklung ist vielfach beschränkt auf die inputorientierte Kostenrechnungsfunktion. Weder eine Bewertung an den Arbeitsleistungen noch eine subjektive Nutzenschätzung dokumentiert den Output von Weiterbildung und Personalentwicklung.

Jeder gute Verkäufer wird Ihnen bestätigen, dass es nicht sehr klug ist, Kosten darzustellen, aber darauf zu verzichten, einen Nutzen transparent zu machen. Und dennoch wurde genau dieses Vorgehen in vielen Organisationen jahrelang praktiziert. Die Folge davon ist, dass der Wert von Personalentwicklung und Weiterbildung sich heute oftmals ausschließlich anhand der Kosten messen lassen muss.

---

[1] Opportunitätskosten sind fiktive Kosten, die für entgangene Erträge aus einem nicht realisierten Projekt / nicht ausgeübter Tätigkeit angesetzt werden.

4.4.1 Transfermanagement

Transfermanagement bedeutet die Steuerung des Transfers von Gelerntem in das Tagesgeschäft. Wer mit der Transferevaluation erst nach Beendigung einer Weiterbildungs- oder Personalentwicklungsmaßnahme beginnt, kommt damit stets zu spät. Lerntransfer und Transfersicherung sind bereits in der Vorbereitungsphase einer Bildungsmaßnahme zu berücksichtigen.

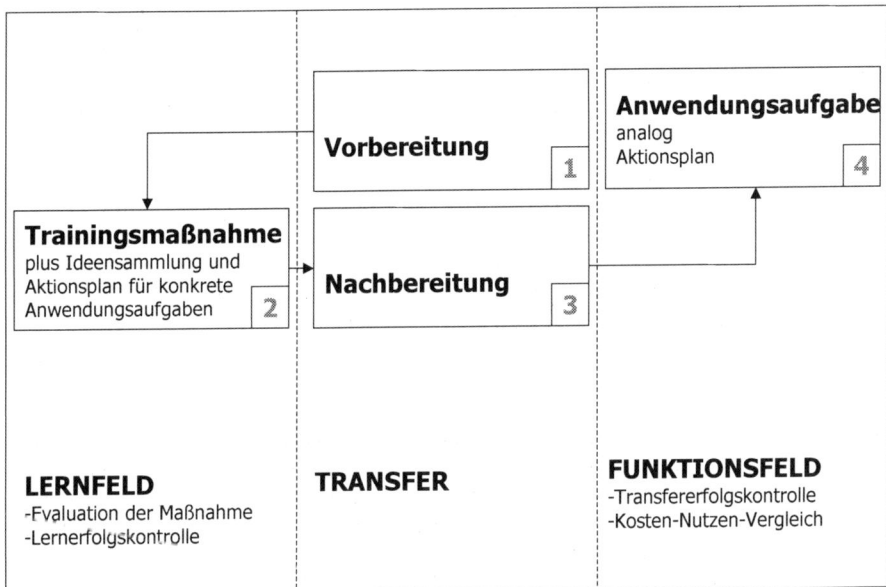

Abbildung 22: Transferorientierte Gestaltung von Trainingsmaßnahmen

Möglichkeiten zur Reduzierung von Transferverlusten ergeben sich durch:

- konsequente Transferstrategien bei der Planung von Bildungsmaßnahmen (z. B. keine Maßnahme ohne definierten Beitrag zum Unternehmens- oder Abteilungsziel)
- den Einsatz praxisnaher und transferunterstützender Methoden vor, während und nach der Bildungsmaßnahme (z. B. Erwartungsfrage, simulierende Lehrmethoden wie zum Beispiel Fallstudien, Planspiele oder Projekte, aktivierende Methoden)
- den Einsatz aktivierender Methoden
  - bewirken hohe Motivation bei den Lernenden
  - bringen bessere Behaltenswerte
  - sind zeitökonomischer – gemessen am Behaltenserfolg
  - sind praxisorientiert
  - sind auf ganzheitliche Problemlösung ausgerichtet
  - bereiten Lerntransfer vor und unterstützen diesen
- den Abbau transferfeindlicher Bedingungen im Funktionsfeld

67

Das gilt übrigens nicht nur für die Bildungsverantwortlichen wie Trainer oder Dozenten. Auch Teilnehmer und Führungskräfte als Abnehmer der Leistung müssen am System der Transfersicherung beteiligt werden.

Chefsache oder jedermanns Ding?!

Je nach Selbstverständnis der Personalentwicklung werden unterschiedliche Zielgruppen als Kunde oder Nutzer der eigenen Arbeit gesehen werden. Es liegt auf der Hand, dass die unterschiedlichen Zielgruppen auch unterschiedliche Interessen haben. Für den einen steht die Zufriedenheit mit einer Maßnahme im Vordergrund, für den anderen zählt die Frage, ob eine Investition in Personalentwicklung wirtschaftlich betrachtet überhaupt gewinnbringend ist.

Je nachdem, welche Produkte und Dienstleistungen man anbietet, je nachdem welche Dinge man evaluiert – man wird damit nicht alle Zielgruppen ansprechen. Am Zusammenspiel von Erwartungen der Zielgruppe und erbrachten Dienstleistungen lässt sich beurteilen, wie kompetent sie wahrgenommen – und von den entsprechenden Zielgruppen dann auch in Anspruch genommen werden. Die Abbildung 23 soll hierzu noch einmal die wechselseitigen Abhängigkeiten verdeutlichen.

Top-Management

Weiterbildung und Personalentwicklung sind eine strategische Investition in die personelle Zukunftssicherung eines Unternehmens. Wenn wir davon ausgehen, dass sich der Wettbewerb in der Umsetzung von Strategien entscheiden wird, dann ist Personal- und Organisationsentwicklung die Verantwortung des Top-Managements und nicht „nur" das, was eine Personalentwicklungsabteilung anbietet oder macht. Es erschließt sich, warum strategische Weiterbildung und Personalentwicklung niemals FÜR, sondern stets MIT dem Top-Management durchgeführt werden.

Führungskräfte

Die Entwicklung und Förderung des Mitarbeiters ist keine delegierbare Aufgabe der Führungskraft. Führungskräfte sind die operativen Träger von Weiterbildung und Personalentwicklung. Sie tragen Sorge für die Entwicklung der Mitarbeiter, trainieren und coachen diese und entscheiden über die konkrete Verwendung von Weiterbildungsbudgets.

Sie sind diejenigen, die mit ihren Mitarbeitern über die Erwartungen sprechen, die an den Besuch von Weiterbildungsveranstaltungen geknüpft sind, konkrete Arbeits- oder Entwicklungsvereinbarungen treffen und diese nachhalten. Das erforderliche Handwerkszeug sind Instrumente zur Bewertung und Steuerung von Weiterbildung und Personalentwicklung.

Kunde	Bedarfserhebung auf Basis von	Produkte	Entscheidung über	Controlling durch	PE als
Unternehmensleitung	Unternehmenspolitik Unternehmens-strategien Unternehmens-schwerpunkte Personalpolitik	Schwerpunkt-programme Führungskräfte-entwicklung Potenzial-entwicklung Allgemeine Aus- und Weiterbildung	Rahmen für Gesamtinvestition Unternehmens-weite Bedarfe u. Entwicklung Langfristige Maßnahmen	Erhöhung des Geschäftserfolges (ROI) Kundenbefragung (Strategische Bedeutung) Personalplanung (Nachwuchs ausreichend vorhanden?)	Gestalter
Bereichsleitung	Bereichsstrategien Bereichs-schwerpunkte Personalplanung	Org.-Einheit-orientierte Programme Standardisierte und Non-Standard-Beratung Zielgruppen-spezifische Maßnahmen	Investitionen in die einzelnen Zielgruppen Mittelfristige Maßnahmen	Erfolgskontrolle (Transfer-beobachtung im Tagesgeschäft) und Analysen zu Zielerreichung	
Linienvorgesetzter	Arbeits- und Entwicklungs-vereinbarungen	Auswahl der Entwicklungs-maßnahmen über Bildungskatalog Standardisierte und Non Standard-Beratung	Investition in bestimmte Mitarbeiter Kurzfristige Maßnahmen	Lernerfolg (Testergebnisse) und Transfer ins Tagesgeschäft	
Mitarbeiter	Erwartungsabfrage Rückmeldung	Standardisierte und Non-Standard-Beratung Einzelmaßnahmen (Training, Coaching, ...)	Arbeitsplatz-orientierte Maßnahmen	Feedback zu Zufriedenheit, Lernen, Transfer	Dienstleister

Abbildung 23: Kontinuum zwischen Gestalter und Dienstleister

Mitarbeiter

Mitarbeiter sind die wertvollste Ressource eines Unternehmens. Trotz einer hohen Zahl von Arbeitslosen sind Spitzenkräfte gesucht wie nie zuvor. Spitzenkräfte wachsen aber nicht auf den Bäumen. Wenn es aber keine Möglichkeit gibt, diese zuzukaufen, dann muss man sie sich selbst entwickeln. Das bedeutet: talentierte Menschen regelmäßig weiterzubilden und sie dabei zu unterstützen, aus ihrer Praxiserfahrung Lerngewinne zu ziehen.

Top-Management
Ist die Weiterbildung bzw.
Personalentwicklung eine gute
Investition?

Führungskräfte
Was hat sich verbessert?
Welche Unterstützung braucht der
Mitarbeiter noch?

Trainer
Wie können wir unsere Trainings
verbessern?

Mitarbeiter
Was habe ich gelernt?
Wie kann ich es umsetzen?

Betriebsrat
Erhalten die Mitarbeiter
ausreichende Möglichkeit zu Fort-
und Weiterbildung?

Abbildung 24: Stakeholder Bildungscontrolling

Trainer

Der Trainer hat somit substanzielle Evaluierungsverantwortung. Trainer sind verantwortlich für das Erreichen der Lernziele und somit auch für die methodisch-didaktische Gestaltung des Lerndesigns. Um eine optimale, teilnehmerorientierte Weiterbildungsmaßnahme zu gewährleisten, werden den Trainern die Zielsetzungen der Seminarteilnehmer (z. B. in der Seminaranmeldung festgehalten) im Vorfeld der Veranstaltung zur Verfügung gestellt. Die Trainer engagieren sich bei der Durchführung einer Maßnahme für die Zufriedenheit der Teilnehmer sowie das Erreichen der (Lern-)Ziele.

Die Trainer tragen darüber hinaus die Verantwortung für die kontinuierliche Verbesserung – zur praxisnahen und bildungswirksamen Ausgestaltung der Maßnahmen.

Betriebsrat

Ein Betriebsrat hat ein natürliches Interesse an der Einführung eines Bildungscontrollingsystems. In der Regel ist es der Betriebsrat selbst, der für die Arbeitnehmer eine stetige Aus- und Weiterbildung fordert. Er braucht ein Informationssystem zur Planung, Steuerung und Kontrolle von Aus-, Fort- und Weiterbildung. Aber auch aus dem Grundsatz der vertrauensvollen Zusammenarbeit heraus kann kein ernst zu nehmender Zweifel bestehen, dass der Betriebsrat schon früh in die Gestaltung eines umfassenden Bildungscontrollingsystems einbezogen werden sollte.

When you do what you did, you will get what you've got

Führungskräfte prüfen und entscheiden über die Wirtschaftlichkeit von Bildungsmaßnahmen für den ihnen übertragenen Leistungsauftrag. Unterstützung erfahren sie dabei durch Fachleute aus den Bildungs- und Personalentwicklungsbereichen. Immer bleibt aber sowohl die Steuerung als auch die Erfolgskontrolle unmittelbar bei den Personen, die einerseits das wirtschaftliche Ergebnis und andererseits die dazu erforderliche Kompetenz verantworten: beim Mitarbeiter und seiner Führungskraft.

Aber theoretische Ansätze gibt es zuhauf. Die meisten sind nicht nur wenig praktikabel, sondern darüber hinaus akademisch blutleer. Evaluation und Controlling von Weiterbildung und Personalentwicklung scheinen – selbst bei den simpelsten Praxisanforderungen – seit Jahren in den Kinderschuhen stecken zu bleiben.

Ist Controlling und Evaluation von Weiterbildung und Personalentwicklung Chefsache? Was die Priorität angeht, mit der es gehandhabt wird: unbedingt! Gerade weil es eine so hohe Wichtigkeit für viele Beteiligte hat, ist es auch Aufgabe jedes Beteiligten, sich mit dieser Thematik zu beschäftigen.

System der Transfersicherung

Für ein nachhaltiges System der Transfersicherung sind also vor allem der Mitarbeiter und seine Führungskraft zu unterstützen. Dies kann aus pragmatischen Gründen nicht in Form von Präsenz eines Weiterbildners geschehen. Die Aufgabe von strategieorientierter Weiterbildung und Personalentwicklung ist es, eine Lernarchitektur für den nachhaltigen Lernerfolg zu generieren.

Der Erfolg von Weiterbildung kann im engen Verhältnis zwischen Mitarbeiter und Führungskraft am besten beurteilt werden. Hier kommen die bewährten Gesprächsbögen der Transfersicherung in klar definierten Zeitabständen zum Einsatz. In der Praxis hat es sich vielfach bewährt, dem Dialog zwischen der Führungskraft und dem Mitarbeiter zur Seminaranmeldung Qualität zu verleihen, beispielsweise durch ein entsprechendes Anmeldeformular, das dann gleichzeitig als Teilnahmevoraussetzung fungieren kann.

In einem zweiten Schritt könnte beispielsweise ein Umsetzungsgespräch zwischen Mitarbeiter und Führungskraft erfolgen und in einem dritten Schritt wäre die gemeinsame Endbewertung – z. B. nach drei Monaten – denkbar. Es empfiehlt sich, sämtliche Bogen zu einem kleinen Heft zusammenzufassen, um eine unnötige und aufwändige Zettelwirtschaft mit vielen Einzelblättern zu vermeiden. Wie so ein Set aussehen könnte, finden Sie im Anhang.

Ähnlich wie bei einem Feedbackbogen kommt es erst in zweiter Linie auf die konkrete Ausgestaltung an (inhaltlicher und struktureller Art). Das Entscheidende ist, wie ernsthaft der einzelne Bogen gehandhabt wird. Noch einmal: Die absolut verbindliche Handhabung der Instrumente ist dabei das erfolgsentscheidende Moment.

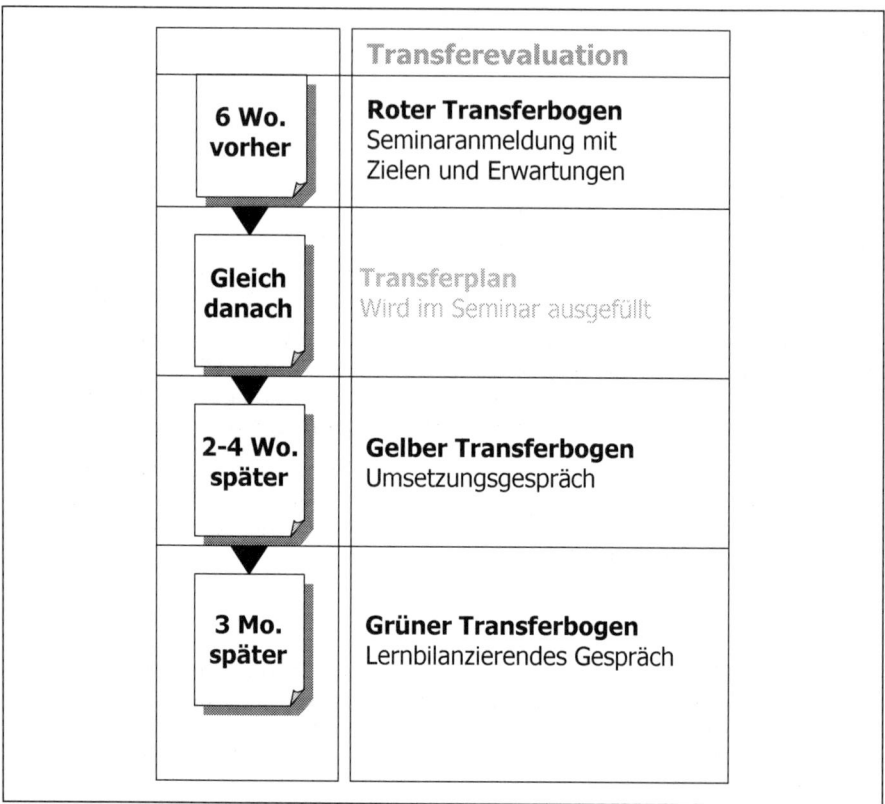

Abbildung 25: Ampelsystem

Es hat sich bewährt, die konsequente Anwendung des Instrumentes bei Mitarbeitern und Führungskräften einzufordern, aber auch die Anwendung im Vorfeld mit externen und internen Trainern sowie den Servicekräften der Seminarorganisation dezidiert abzustimmen.

Vonseiten der Führungskräfte wird die Priorität z. B. eines Nachbereitungsgespräches vielfach anders gewichtet als dringendes oder wichtiges Tagesgeschäft. Wenn das System der Transfersicherung nachhaltigen Erfolg zeigen soll, dann ist die verbindliche Dokumentation in allen Fällen ausnahmslos einzufordern. Es empfiehlt sich, beizeiten einen hochrangigen Vertreter des Top-Managements oder einen Steuerkreis für die Verbindlichkeit im Transferprozess zu gewinnen.

4.4.2 Erfolgskontrolle

Woran bewerten Sie den Erfolg einer Bildungsmaßnahme? An der Zufriedenheit der Teilnehmer, an dokumentierten Lernerfolgen? Die richtige Antwort lautet: Kommt darauf an. Je nachdem welches Ziel Sie sich gesetzt haben, werden Sie unterschiedliche Parameter für die Bewertung des Erfolgs heranziehen.

Schließlich wäre es fatal, wenn Sie erfolgreiches Lernen bewerten, Teilnehmer die „erfolgreich gelernte Kenntnisse" in der Praxis anwenden, dann aber feststellen, dass es die „falschen" Lehrinhalte waren. Erfolgskontrolle hängt also immer von einem konkreten Ziel ab.

What is not measured gets not done

Erfahrungsgemäß ist es ein erheblicher kultureller Kraftakt, einem Transfersystem zu Nachhaltigkeit zu verhelfen. Begrenzte Erfolgschancen finden sich dann auch gerade noch in den Häusern, die eine starke Trennung von Lern- und Funktionsfeld kultiviert haben.

Die traditionellen seminarförmigen Weiterbildungsangebote greifen – insbesondere bei Verhaltensänderungen – oftmals zu kurz. Diese werden zwar von Teilnehmern regelmäßig als positiv bewertet und auch mit einer Reihe von guten Absichten verlassen – zu den angestrebten Änderungen kommt es oft leider nicht.

In der Praxis kann dieser Zusammenhang an vielen Stellen durchbrochen werden, z. B. indem Wissen nicht abgerufen wird (z. B. entsprechende Technik ist nicht vorhanden), das vermittelte Wissen nicht den Praxisanforderungen der Teilnehmer gerecht wird (z. B. bei einem Standardtraining) oder heimliche Spielregeln vorherrschen („sei teamfähig!" – honoriert wird Einzelleistung). Nicht zuletzt deswegen werden Lernen und Entwicklung von Mitarbeitern immer seltener durch Seminare oder Trainings erfolgen, sondern zunehmend durch die Bearbeitung realer Projekte und Aufgaben angeregt werden (Abbildung 26).

Die Vorteile: Dieses Lernen ist die beste Form der Transfersicherung und gleichzeitig wird durch die Erfüllung der Aufgaben bereits ein pay-off generiert, der in manchem Fall die Kosten der Unterstützung wieder „reinholt".

4.4.3 Rentabilitätskontrolle

Die unter dem Punkt ökonomische Evaluation beschriebenen Verfahren eignen sich uneingeschränkt für eine Ex-post-Rentabilitätskontrolle. Aber auch eine ex-ante durchgeführte Berechnung kann einen erheblichen Beitrag leisten, z. B. zur Entscheidung für oder gegen ein Programm. Zur Vertiefung des Themas Rentabilitätskontrolle werden wir im Folgenden einige Praxisbeispiele aufzeigen.

Konzept	Beschreibung
Externes Seminar	In der Regel aushäusige Einmalveranstaltung mit kognitivem Schwerpunkt
Internes Training	Schulungsmaßnahme mit Zuschnitt auf Unternehmensbedarf
Intervall-Training	Schulungsmodule mit dazwischenliegenden Praxisphasen
Outdoor-Aktionen	Erleben und Reflektieren des Umgangs mit Grenzsituationen – in der Regel anhand ungewohnter Situationen in der freien Natur
Förderkreis	Je nach Struktur und Design zusammenhängende Lernerfahrungen mit dem Ziel, Leistung abzufordern und auf eine erweiterte Verantwortungsübernahme vorzubereiten
Planspiel	Lernen an einer simulierten Realität mit gesetzmäßigen Wechselwirkungen, um die Konsequenzen von Entscheidungen zu erleben
Info-Aufenthalt	Zeitlich befristeter Aufenthalt (Mitarbeit) in anderen Fachbereichen
Job-Enlargement	Erweiterte Aufgabenübernahme (z.b. vor- oder nachbereitende Aufgaben des bestehenden Aufgabenfeldes)
Job-Enrichment	Erweiterung des Verantwortungsspielraumes (z.b. Budgetplanung, Qualitätssicherung, Einkauf, ...)
Job-Rotation	Planmäßige Versetzung, z.b. zwischen Stab und Linie
Training-on-the-job	Strukturiertes Lernen am Arbeitsplatz anhand des realen Tagesgeschäftes
Coaching	Trainer oder Führungskraft unterstützen zeitnah bei konkreten Vorhaben im Sinne einer Hilfe zur Selbsthilfe und geben relevantes Lernfeedback zum Ergebnis
Mentoring	Erfahrene Führungskraft fördert die Karriere und begleitet als „väterlicher Freund" die persönliche Entwicklung
Tutoring	Trainer oder Pate übernimmt die Einweisung in ein bestimmtes zu lernendes Gebiet und lehrt hier schrittweise das Vorgehen
Moderation	Erlernen der Steuerung von schwierigen Gruppensituationen und Bearbeitung komplexer Sachverhalte, mit deren Details man nicht vertraut ist
Projektleitung	Lernmöglichkeit, um Veränderungen zielorientiert und systematisch zu leiten und Kontakte mit hierarchisch höher Stehenden gewinnbringend zu gestalten – meist unter konfliktären Vorzeichen oder mangelnden Ressourcen
Action Learning	Bearbeitung eines oder mehrerer echter Projekte mit konkreter Zielvorgabe und kollegialem Erfahrungsaustausch
Supervision	Lernen durch Reflexion des eigenen Tuns Kollegiale Beratung oder externe Betreuung zu problematischen Aspekten aus der Arbeitssituation
E-Learning	Selbst gesteuertes Lernen mit elektronischen Medien: Computer Based Training (CBT) – Lernen von CD-ROM, Web Based Training (WBT) – Lernen im Inter- oder Intranet
Literaturstudium	Lernen aus Büchern, Fachzeitschriften usw.

Abbildung 26: Bildungskonzeptionen

Beispiel 1:

Sie haben in einer Vertriebsniederlassung für alle Außendienst-Mitarbeiter ein produktbezogenes Verkaufstraining durchgeführt. Der Gewinn pro verkauftem Stück des Produktes liegt bei 86 €. Im Verlauf eines Jahres hat diese Vertriebseinheit 600 Produkte mehr verkauft als eine vergleichbare Vertriebsniederlassung ohne Trainingsmaßnahme. Die Kosten für das Programm inklusive Schulungsräume in einem Hotel usw. beliefen sich auf 21.000 €.

Der Wert dieser Maßnahme liegt bei rund 2,45. Anders ausgedrückt: Sie erwirtschaften nahezu das 2,5fache von dem, was Sie investieren.

Beispiel 2:

Gehen wir von einem Konzernunternehmen der Branche der Finanzdienstleistung aus, bei dem im Monat rund 200 Beschwerden eingehen. Jede Beschwerde kostet das Unternehmen im Schnitt 300 €. Das sind 60.000 € im Monat oder 720.000 € im Jahr.

Gehen wir weiterhin davon aus, durch eine Intervention der Personalentwicklung könnte die Anzahl der Beschwerden um ein Viertel reduziert werden, würde dies eine Ersparnis in Höhe von 15.000 € pro Monat oder von 180.000 € (15.000 € x 12) im Jahr bedeuten.

Die Frage ist nun: Lohnt es sich beispielsweise, in ein solches Projekt 50.000 € zu investieren?

Jetzt gilt es einfach nur „handwerklich" die Zahlen in die Formel einzusetzen:

ROI = [(180.000 € : 50.000 €) -1] x 100

ROI = 260 %

Um die Antwort zu geben: Ja, die Investition von 50.000 € lohnt sich.

Beispiel 3:

Im Rahmen einer Mitarbeiterbefragung wurde festgestellt, dass die Leistungsträger in Ihrem Hause unzufrieden sind. Sie haben mit einzelnen Führungskräften und Leistungsträgern Interviews geführt, die Erkenntnis wurde dadurch erhärtet. Sie rechnen damit, dass in den nächsten 12 Monaten mindestens 5 Leistungsträger das Haus verlassen werden, wenn nun nichts unternommen wird.

Im Rahmen einer Präsentation schlagen Sie Ihrer Geschäftsleitung vor, ein Mitarbeiterbindungs-Programm durchzuführen. Kostenpunkt: 75.000 €. Sie wissen, das ist zunächst einmal viel Geld. Anhand der Checkliste in Abbildung 27 haben Sie aber auch errechnet, dass sich die Fluktuationskosten pro Mitarbeiter auf 68.250 € belaufen.

Job-Aid

Fluktuationskosten

Arbeitsblatt zur Berechnung von Fluktuationskosten

Position	Fakturierter Wert	Beispiel
I. Austrittskosten Vorgänger		
Produktivitätsverlust ab Kündigung		7.500 €
Drittwirkungen		2.500 €
Abwicklung Austritt		250 €
Abfindungen		
(Kunden-)Verluste im 1. Jahr		12.500 €
Sonstige		
Zwischensumme 1		**22.750 €**
II. Personalsuche		
Anteilig Personalmarketing (Messen etc.)		2.000 €
Stellenanzeige (Print)		7.500 €
Stellenanzeige (@)		25 €
Personalberater		4.000 €
Arbeitszeit Personalwesen		175 €
Kommunikationskosten		25 €
Sonstige		
Zwischensumme 2		**13.725 €**
III. Personalauswahl		
Sichtung der Bewerbungen		500 €
Interviews		5.000 €
Assessment Center		12.500 €
Reisekosten		2.500 €
Sonstige		
Zwischensumme 3		**20.500 €**
IV. Einarbeitung		
Einführung/Orientierungsmaßnahmen		7.500 €
Neues Material		275 €
Reisekosten		1.500 €
Produktivitätsverlust während der Einarbeitung		2.000 €
Sonstige		
Zwischensumme 4		**11.275 €**
Gesamtsumme		**68.250 €**

Abbildung 27: Fluktuationskosten

Um zu verdeutlichen, dass Sie das Programm für eine gute Investition halten, untermauern Sie Ihre Präsentation mit folgendem Rechenbeispiel:

Gelingt es, durch das Programm alle fünf Mitarbeiter an das Haus zu binden, so erzielt man einen ROI von 355 %. Werden vier Mitarbeiter weiterhin für das Unternehmen tätig sein, so generiert das Programm einen ROI von 264 % und wenn es gelingt, nur drei Mitarbeiter an das Haus zu binden, wird immer noch ein satter Return-On-Invest in Höhe von 173 % erzielt. Wenn es durch das Programm aber „nur" gelingt, zwei Kandidaten zu halten, stehen die Kosten des Programms in Höhe von 75.000 € einem Nutzen in Höhe von 136.500 € gegenüber. Dies entspräche immerhin einem ROI von 82 % – gerechnet auf ein Jahr.

4.5 Operative Steuerung der Personalentwicklung

Für die operative Steuerung von Weiterbildungsaktivitäten orientieren sich Weiterbilder oftmals am Bildungskreislauf. Zur Deckung eines identifizierten Bildungsbedarfs wird eine adäquate Maßnahme geplant, professionell durchgeführt und im Nachgang „controlled". Idealerweise erfolgen während aller Teilschritte bereits transfersichernde Maßnahmen.

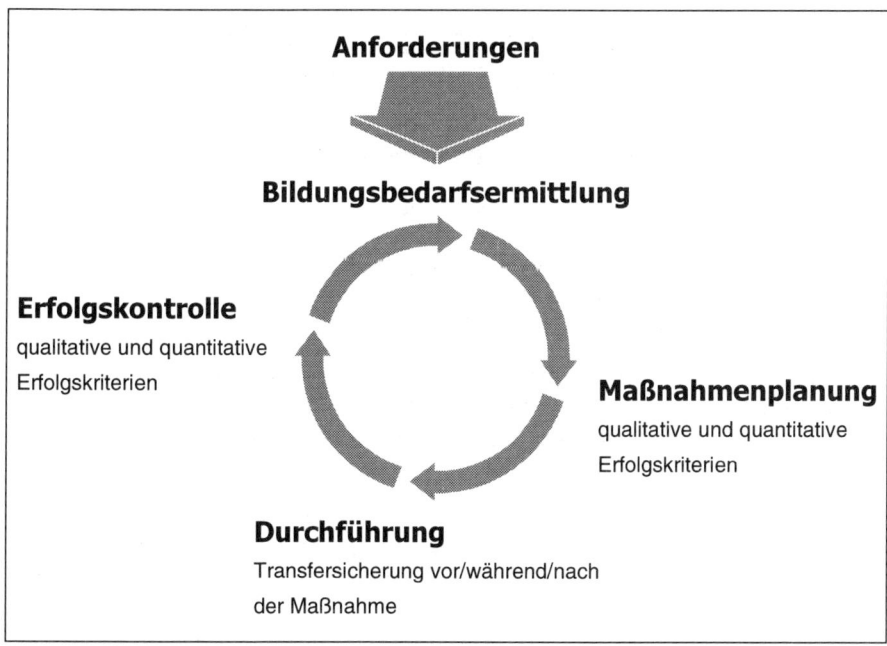

Abbildung 28: Bildungskreislauf

Ironischerweise werden die meisten Ressourcen für die am wenigsten wertschöpfenden Tätigkeiten verwendet, wie aus Abbildung 29 erkenntlich wird.

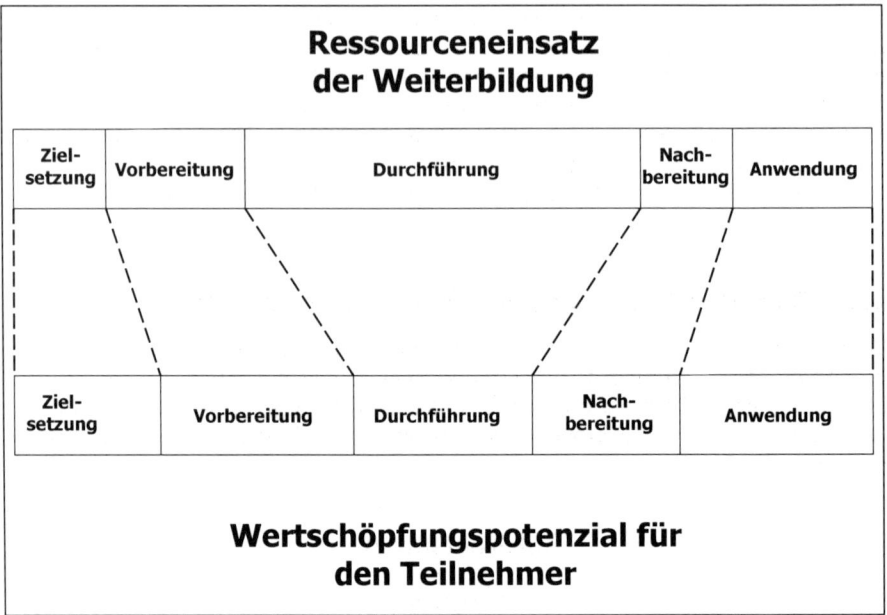

Abbildung 29: Ressourceneinsatz vs. Wertschöpfungspotenziale

Wie wir bereits festgestellt haben, ist Weiterbildung eine Teilfunktion von Personalentwicklung. Der Prozess zur operativen Steuerung von Personalentwicklung reicht über die Darstellung des Bildungskreislaufes hinaus. Als systemischer und systematischer Managementansatz hat sich der Prozess Improving Performance der International Society for Performance Improvement (ISPI) bewährt. Das Modell bietet

▨ ein Denk- und Handlungsmodell, um Leistung von Organisationen, Prozesse und Mitarbeiter im Kontext ihrer Komplexität wahrzunehmen,

▨ einen umfangreichen Werkzeugkasten zur Analyse, Diagnose, Intervention und Evaluation.

Manchmal wird geäußert, bei Performance Improvement handelt es sich um „alten Wein in neuen Schläuchen". Dies könnte daran liegen, dass sich der Werkzeugkasten der Methoden angrenzender Disziplinen bedient, beispielsweise aus Qualitätsmanagement, Prozessanalyse, Controlling usw.

Das eigentlich Neue ist die stringente Orientierung aller einzelnen Schritte hin auf das Erreichen wertschöpfender Ziele. Der Prozess Improving Performance erfolgt in fünf Schritten:

1. Zielbestimmung
2. Ursachenanalyse
3. Maßnahmenwahl
4. Umsetzung
5. Evaluation

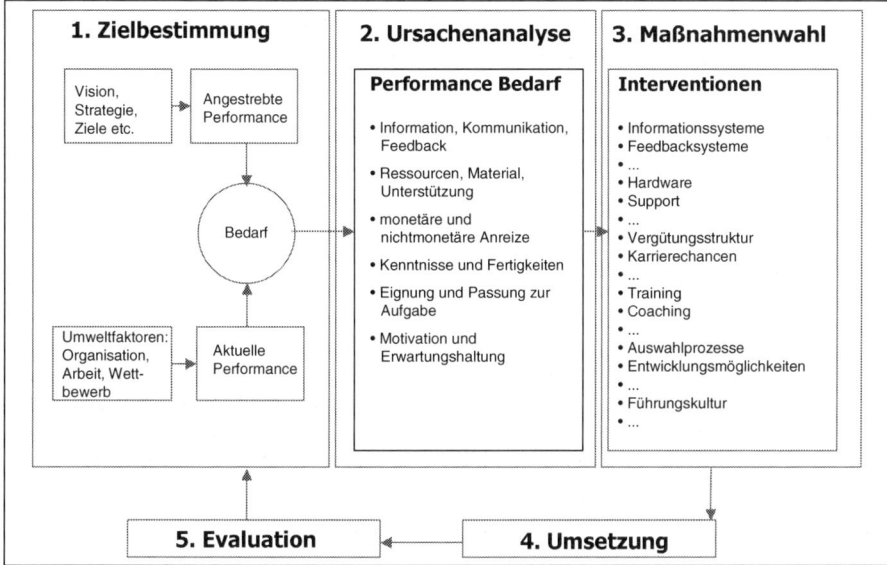

Abbildung 30: Prozess Improving Performance

Die Umsetzung des Modells in die Praxis ist, vom Prinzip und von der Art der Durchführung, durchaus einfach.

Schritt 1: Zielbestimmung

Der zentrale Aspekt des Prozesses Improving Performance lautet: „... start with the results ..." Im Rahmen einer Auftragsklärung werden schnell Probleme benannt und nicht selten auch entsprechende Trainingslösungen verankert. Ein professioneller Personalentwickler würde in seinem Gespräch eruieren, welches Ziel denn konkret zu erreichen ist und wie sich der Ist-Stand in Hinblick auf das Ziel aktuell darstellt.

Je nach Auftrag bieten sich verschiedene Quellen zur Erhebung des Soll-Standes an: formulierte Business-Visionen, Strategie-Aussagen, vereinbarte Ziele oder auch konkrete Vorstellungen eines Auftraggebers.

Der Ist-Stand wird in der Regel in einem Interview mit dem Auftraggeber erhoben, aber auch Datenanalysen, Feldbeobachtungen oder Befragungsergebnisse können hier einen interessanten Aufschluss geben. Einflussfaktoren wie die Konjunktur oder Arbeitsmarktlage usw. sollten fallweise berücksichtigt werden.

Ergebnis dieses ersten Schrittes ist die Definition der zu erreichenden Ziele. Diese müssen operational, realistisch und quantifizierbar sein. Folgende Kriterien sind festzuhalten:

- Zielinhalt (Welches Ziel soll erreicht werden?)
- Zielpunkt (In welchem Ausmaß soll das Ziel erreicht werden?)
- Zeitbezug (Zu welchem Zeitpunkt / in welchem Zeitraum soll das Ziel erreicht sein?)

Mithilfe von Zielvereinbarungen gilt es, diese abzusichern. Für die Erfassung der Ist-Situation sind darüber hinaus folgende Elemente zu dokumentieren:

- die Messbereiche
- relevante Mess- und Kenngrößen
- Messpunkte und Messverfahren
- Datenquelle

Spätestens bei der Evaluation rächt sich jegliche Unschärfe oder unsaubere Abarbeitung. Die Qualität des formulierten Bedarfes bestimmt maßgeblich das Ergebnis. Um es mit einem Bild auszudrücken: Wenn Sie beim Zuknöpfen Ihres Hemdes schief anfangen, können Sie nicht erwarten, dass das Gesamtergebnis besser wird, wenn Sie im Prozess weiter voranschreiten.

Wichtig: Zu diesem Zeitpunkt wurde noch NICHT über eine Maßnahme, ein Programm usw. gesprochen.

Schritt 2: Ursachenanalyse

In der Praxis ist es doch oftmals so, dass ein erkannter Veränderungsbedarf meist recht schnell konkrete (Bildungs-)Maßnahmen nach sich zieht. Durch diese Personalisierung des Veränderungsbedarfs wird die Organisation davor „geschützt", nach möglichen Systemursachen für eben diesen Veränderungsbedarf zu suchen. Nicht selten folgt aber kurz darauf die Enttäuschung darüber, dass sich die erwünschte Wirkung nicht einstellt.

Spätestens seit der Transferforschung der 70er-Jahre wissen wir, dass eine Leistung immer von Faktoren der Person und ihrer Umwelt abhängt, eine einseitige Lösung wahrscheinlich nicht die volle Schlagkraft entfaltet. Wir gehen heute davon aus, dass in jeder Organisation so genannte „Leistungshemmnisse" existieren: Wenn uns nicht bestimmbare Hindernisse im Weg stünden, wäre die Zielerreichung sehr unkompliziert.

THOMAS F. GILBERT hat in umfangreichen Untersuchungen sechs zentrale Leistungshemmnisse identifiziert und in der „Human Engineering Matrix" zusammengefasst. Diese Leistungshemmnisse sind je zur Hälfte in der Person und zur anderen Hälfte in den Umweltfaktoren zu finden.

Umwelt	Umwelt	Umwelt
Information	**Ressourcen**	**Anreize**
▨ Kommunizierte und verstandene Ziele ▨ Klare Beschreibung zu Güte und Ausmaß der erwarteten Arbeitsleistung ▨ Relevantes und zeitnahes Feedback bzw. Information zum Leistungsstand	▨ Werkzeuge, Material, Geräte, die geeignet sind, die erwarteten Arbeitsergebnisse zu erbringen ▨ Unmittelbarer Zugriff auf kompetente Führungskräfte ▨ Ausreichendes qualifiziertes Personal ▨ Angemessene Prozesse	▨ Adäquate, leistungsgerechte, finanzielle Anreize ▨ Nichtmonetäre Anreize ▨ Karriere- und Entwicklungsmöglichkeiten ▨ Anerkennung und Kritik
Individuum	Individuum	Individuum
Kenntnisse	**Potenzial**	**Motivation**
▨ Ausbildungsbedingte Kenntnisse des Fachbereiches ▨ Expertise durch praktische Erfahrung ▨ Möglichkeit und Bereitschaft zur Teilnahme an Bildungs- und Entwicklungsmaßnahmen	▨ Mitarbeiter, die den Anforderungen der Stelle gerecht werden (können) ▨ Flexibilität der Mitarbeiter, sich auf neue Aufgaben und Prozesse einzustellen	▨ Bereitschaft des Mitarbeiters, sich einzubringen ▨ Mitarbeiter, die bereit sind, sich für zusätzliche Anreize einzubringen

Abbildung 31: Human Engineering Matrix

Wird ein bestehendes Problem nicht richtig analysiert, geht man unter Umständen davon aus, dass Weiterbildung ein adäquates Mittel sein kann, die festgestellten Defizite zu beheben. Die Weiterbildungsaktivitäten sind in solchen Fällen regelmäßig zum Scheitern verurteilt, weil sie objektiv betrachtet keine passende Problemlösung darstellen. Das zeigt sich beispielsweise in der mangelnden Akzeptanz – spätestens aber bei der Transferüberprüfung werden die Konsequenzen deutlich. Diese Fehleinschätzungen können auch ganz unbewusst erfolgen, erst eine Zusammenschau relevanter Aspekte erlaubt eine adäquate Perspektive auf eine mögliche Lösung.

Im Mittelpunkt des Interesses in dieser Phase steht, Ursachen für die Abweichungen aufzudecken. Die Ursache für mangelnde Performance der Mitarbeiter ist in 80 % der Fälle nicht auf fehlende Kenntnisse und Fertigkeiten zurückzuführen, so der ASTD-Conference-Board-Bericht 1994. Die Devise lautet also NICHT: „Identifizieren (und Abarbeiten) von Bildungsbedarf", sondern „Identifizieren (und Beseitigen) von Leistungshemmnissen".

Schritt 3: Maßnahmenwahl

Erst jetzt – also nach Definition des zu erreichenden Ergebnisses und der Bestimmung der Ursache – beginnen die Überlegungen zu möglichen Maßnahmen.

Es liegt auf der Hand, dass Ziele, die nicht erreicht werden, weil Kenntnisse fehlen, andere Maßnahmen nach sich ziehen als Ziele, die nicht erreicht werden, weil es an Motivation mangelt.

Um eine möglichst breite Auswahl an geeigneten Maßnahmen zusammenzustellen, eignen sich Methoden, die weitgehend aus dem Qualitätsmanagement oder der Kreativitätstechnik bekannt sind. Um aus den möglichen Maßnahmen die geeigneteste auszuwählen, sind nun Prioritäten zu vergeben (z. B. „Mit welcher Maßnahme erreichen wir unser Ziel am schnellsten?", „Welche Maßnahme können wir mit dem geringsten Kapitaleinsatz realisieren?" o. Ä.). Die konkrete Maßnahmenplanung erfolgt auf der Basis folgender Leitsätze:

- Keine Maßnahmen ohne Ziel.
- Maßnahmen haben an den Ursachen anzusetzen.
- Maßnahmen sind bezüglich ihrer zu erwartenden Kosten zu bewerten.
- Maßnahmen sind bezüglich ihres zu erwartenden Nutzens zu bewerten.

Achtung: Nicht alle für die Problemlösung geeigneten Maßnahmen fallen in das ureigene Kompetenzfeld der Bildungs- oder Personalentwicklungsabteilung.

Schritt 4: Umsetzung

Je nach gewählter Maßnahme ist nun eine passende Vorgehensweise für die Umsetzung zu wählen. Ob Sie nun top-down, bottom-up bzw. mit den verschiedenen Spielarten der Großgruppenintervention arbeiten, hängt von den individuellen Voraussetzungen Ihres Hauses ab. Die notwendigen Kenntnisse Ihrer Unternehmenskultur haben Sie bereits, es sind u.a. die wichtigsten Stammdaten Ihrer Personalentwicklung.

Schritt 5: Evaluation

Evaluation bedeutet hier:

- Bewertung des methodisch-didaktischen Vorgehens
- Bewertung im Hinblick auf die Zielsetzung
- Bewertung des Kosten-Nutzen-Aspektes

Die Werkzeugkiste bedient sich hier aus den Erkenntnissen

▓ sozialwissenschaftlicher Verfahren (z. B. zur qualitativen Evaluation),

▓ Management by Objectives (z. B. zur Beurteilung von Zielerreichung),

▓ der betriebswirtschaftlichen Kostenrechnung (z. B. Kosten-Nutzen-Rechnung).

Abschließend erfolgt eine entscheidungsträgerorientierte Darstellung und Aufbereitung der Ergebnisse. Darstellungsform und Detaillierungsgrad des Berichtswesens werden der Aufgabe als auch dem Empfänger angemessen individuell nach verbindlichen Standards zusammengestellt.

Vorsicht vor den Stolpersteinen!

So einfach das Vorgehen auch ist, die Umsetzung des Modells in die Praxis birgt unerwartete Stolpersteine. Der Prozess Improving Performance führt manchmal in Handlungsfelder, die nicht unbedingt der Personalentwicklung zugeschrieben werden. In manchen Unternehmen würde man Sie dann vielleicht als einen allmachtsfantasiengetriebenen Trainingslieferanten betrachten, der plötzlich „in fremden Revieren wildert". Ob dies Ihrem Ansehen zuträglich ist, müssen Sie fallweise entscheiden.

5 Reporting

Wir leben in einer Arbeitswelt wachsender Anforderungen und fortwährender Veränderungen. Der betrieblichen Weiterbildung kommt eine wichtige Funktion bei der Bewältigung von Neuorientierungen und Anpassungen an eben diese veränderten Arbeitsbedingungen zu. Es ist nicht mehr die Kraft der bloßen Strategie, die einen Wettbewerbsvorsprung ermöglicht, sondern die Fähigkeit eines Unternehmens, Strategien schnell und hochwertig umzusetzen. Um den Strategiepapst IGOR ANSOFF zu zitieren: „It is no trick to formulate strategy – the trick is to make it work."

Wer schneller lernen will als der Wettbewerb, sollte auch schnell erkennen, ob er auf dem richtigen Weg ist. Hierzu bedarf es eines geeigneten Reportings von Weiterbildung und Personalentwicklung.

5.1 Nicht nur zur Dokumentation

In der Praxis findet man am häufigsten Reportings mit der Dokumentation vergangener Aktivitäten, der quasi posthume Beleg der eigenen Daseinsberechtigung. Reporting ist aber mehr als nur Dokumentation von Aktivitäten. Wesentlich seltener ist ein proaktives PE-Controlling zum Zwecke der Planung oder Steuerung von PE-Aktivitäten.

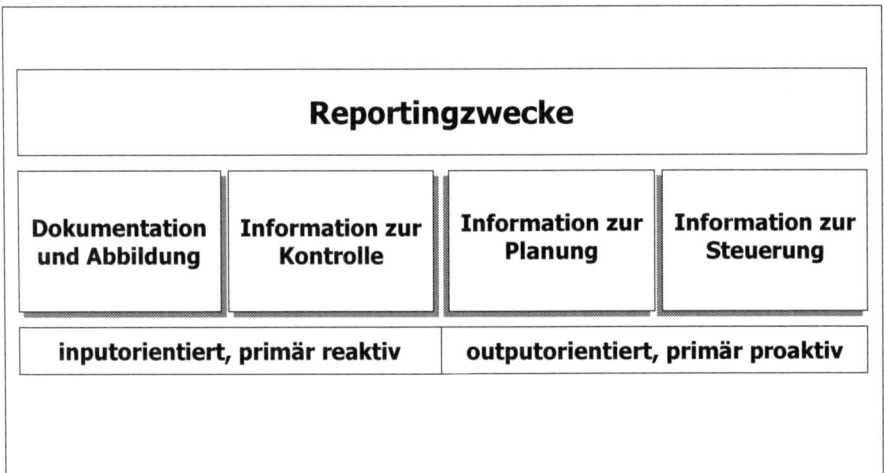

Abbildung 32: Reportingzwecke

Die Berechnung von Standardabweichungen oder Korrelationskoeffizienten bringt Entscheidern in der Regel keinen echten Mehrwert. Neben der inputorientierten Leistungsschau soll über die outputorientierte Darstellung des Nutzens eine Verbesserung der Akzeptanz von Weiterbildung und Personalentwicklung erfolgen und somit der Stellenwert als Business-Partner im Betrieb verbessert werden. PE- und Weiterbildungsprojekte mit markanten Erfolgen erhalten größere Unterstützung (ideell wie monetär) durch die Geschäftsführung.

Reporting ist somit stets ein Marketing-Instrument.

Strategieumsetzende PE wird nicht FÜR das, sondern immer MIT dem Management eines Unternehmens verwirklicht. Richten Sie hierzu frühzeitig ein Berichtswesen ein, bei dem periodisch der Zusammenhang von Weiterbildungs- und Personalentwicklungs-Aktivitäten und -Programmen zu strategischen Vorgaben aufgezeigt wird. Das wird sich aber nur dann realisieren lassen, wenn das Management den Zusammenhang von PE-Maßnahmen zu der Weiterentwicklung von Wettbewerbsvorteilen und zur Wertschöpfung für sich versteht. Ein Reporting bietet Gelegenheit, dezidiert nachbesprochen zu werden, und ist somit immer ein exzellentes Medium der Kultivierung aktuellen Know-hows im Top-Management. Es liegt an Ihnen, den Beitrag von Weiterbildung und Personalentwicklung zum Erfolg des Unternehmens überzeugend zu verdeutlichen.

5.2 Aufbau und Inhalt von Reportings

In den folgenden Abschnitten zeigen wir auf, welche formellen Anforderungen an den Aufbau eines Reportings grundsätzlich gestellt werden sollten, welche Struktur in einem Reporting der Weiterbildungsaktivitäten bzw. der Personalentwicklung gewinnbringend ist. Dabei geht es uns darum, einen praxiserprobten und pragmatischen Weg aufzuzeigen.

5.2.1 Grundsätzliches zum Aufbau eines Reportings

Das Wichtigste zuerst: Das Reporting der Weiterbildung und Personalentwicklung sollte sich grundsätzlich – formell und strukturell – an das Berichtswesen anderer Bereiche des Unternehmens angleichen. Ganz praktisch bedeutet das zum Beispiel: Verwenden alle Excel-Listen, dann sollten Sie nicht durch PowerPoint-Folien auffallen. Oder: Ist es üblich, dass die Reportings per Mail versandt werden, dann kreieren Sie kein Werk, das mit Lesebändchen versehen und in Leder eingebunden ist.

Es kann in Ihrem Hause üblich sein, dass ein Reporting nur einige wenige, gegebenenfalls aber auch sehr viele Seiten umfasst. Unabhängig vom Umfang enthält ein Reporting immer auch einige formale Elemente. Wenn in Ihrem Hause keine Struktur vorgegeben ist, empfehlen wir folgende Strukturierung, die sich in der Praxis sehr bewährt hat:

1. Titelseite
2. Inhaltsverzeichnis
3. Zusammenfassung
4. Reporting
5. Anhang

1. Titelseite

Wie Sie wahrscheinlich zu Recht vermuten, enthält die Titelseite den Titel des Berichtes, das jeweilige Datum, den Namen Ihrer Abteilung. Ideal ist es, hier auch Ihren eigenen Namen und Ihre Telefonnummer zu vermerken.

2. Inhaltsverzeichnis

Der Empfänger des Reportings braucht ein Inhaltsverzeichnis mit Seitenangaben, damit er sich problemlos in Ihrem Bericht zurechtfindet. Die meisten Schreibprogramme bieten heute sehr komfortable Möglichkeiten, um dies unkompliziert zu realisieren.

3. Zusammenfassung

Für den Fall, dass der Empfänger des Reportings sehr beschäftigt ist und neben dem Gespräch mit Ihnen keine Zeit hat, um sich das komplette Werk durchzulesen, fassen Sie hier das Wesentliche auf 1 (!) Seite zusammen.

Aus eigener Erfahrung können wir Ihnen bestätigen, dass diese Forderung oftmals vollkommen unmöglich erscheint. Wenn Sie sich allerdings erst einmal daran gewöhnt haben, möchten Sie diese so genannten Management-Summaries nicht mehr missen.

4. Reporting

Das Reporting an sich ist der eigentliche Bericht. Hier finden sich die inhaltlichen Aspekte in ausführlicher Form. Erstellen Sie aussagekräftige Überschriften, stellen Sie darunter Ihr Datenmaterial dar und falls sinnvoll (nicht: falls möglich!) visualisieren Sie die Daten beispielsweise in Balken- oder Tortendiagrammen.

5. Anhang

Einen Anhang sollten Sie immer dann erstellen, wenn sich hieraus ein sachlicher Mehrwert ergibt. Aber Vorsicht, das kann schnell dazu verleiten, alle erdenklichen Informationen in den Anhang zu verschieben. Bitte denken Sie stets daran, Ihr Reporting muss immer aussagekräftig bleiben – auch wenn man darauf verzichtet, den zu lesen.

5.2.2 Grundsätzliches zum Inhalt von Reportings

In der Praxis bewegt sich Bildungscontrolling im Spannungsfeld zwischen „Sozialromantik" und extrem aufwändigen statistischen, soll heißen unpraktischen Verfahrensweisen. In den folgenden Abschnitten zeigen wir auf, welche inhaltlichen Anforderungen an ein Reporting der Weiterbildungsaktivitäten bzw. der Personalentwicklung gestellt werden sollten. Dabei geht es uns darum, Bewährtes auf einem professionellen Niveau zu erhalten und Innovatives weiter zu kultivieren. Was den Inhalt eines Reportings angeht, so ist dieser an drei Aspekten auszurichten. Ein Reporting sollte

▓ empfängerorientiert sein,

▓ zweckorientiert verfasst sein,

▓ fallweise eine Benchmark-Eignung aufweisen.

Wer alle gleich behandelt, wird niemandem gerecht

Reporting soll zielgruppenorientierte Interessen ansprechen. Eine Orientierung für Ihr Reporting liefert Ihnen die Abbildung 23 – Kontinuum zwischen Gestalter und Dienstleister. Im konkreten Einzelfall bedeutet dies, dass Ihr Reporting einem fallweise zu bestimmenden Ergebnisinhalt unterliegt. Dies bezieht sich auf sprachliche oder strukturelle Aspekte, wie z. B. den Umfang eines Berichtes.

Das Ziel ist das Ziel – der Weg spielt keine Rolle

Ein Reporting ist kein Selbstzweck an sich. Ein Reporting sollte Aufschluss geben, in welche Themen, Abteilungen, Personen eine Investition besonders lohnend bzw. besonders erforderlich ist. Allgemeiner ausgedrückt kann man sagen: Reporting ist stets an einen Zweck gebunden. So kann das Reporting z. B.

▓ über Sachverhalte informieren oder

▓ eine verbesserte Planung erlauben oder

▓ die Steuerung des Prozesses professionalisieren oder

▓ die Kontrolle ermöglichen.

Über Äpfel und Birnen – Benchmarking im Reporting

Der neudeutsche Begriff für Betriebsvergleich lautet: Benchmarking[1]. Ein gutes Reporting sollte auf ausgewählte Aspekte durchaus auch den branchenübergreifenden Blick erlauben. Ein möglicher Ansatzpunkt für ein Weiterbildungsreporting ist beispielsweise der Vergleich mit dem Wettbewerb über den Umfang der Schulungstage pro Mitarbeiter und Jahr. Auch der Vergleich zum Umfang der Investitionen in Weiterbildung und Personalentwicklung kann einen interessanten Aufschluss geben und ggf. einen erweiterten Diskussions- oder Handlungsbedarf auslösen.

Die Schwierigkeit für ein Benchmarking ist in der Regel der Mangel an Benchmark-Partnern bzw. fehlender Zugriff auf geeignete Vergleichszahlen. Um ein Benchmark erfolgreich durchzuführen, gilt es dauerhaft mindestens 10 Teilnehmer zu gewinnen. Alternativ hierzu sind Institutionen wie Fachzeitschriften oder Berufsverbände zu finden, die regelmäßig entsprechendes Material zur Verfügung stellen.

---

[1] Der Begriff „Benchmark" wurde dem Sprachgebrauch der Landvermessung entnommen. Dort bezeichnet Benchmark einen Orientierungspunkt. Auch in der Unternehmensführung liefert ein Benchmark einen Orientierungspunkt. Der Vergleich mit Daten anderer Unternehmungen soll Anhaltspunkte für Verbesserungen bieten. Benchmarking kann innerbetrieblich, z. B. zwischen Abteilungen, Betriebsteilen o. Ä., stattfinden oder auch zwischen unabhängigen Unternehmen innerhalb und außerhalb der eigenen Branche.

5.2.3 Aufbau und Inhalt eines Weiterbildungs-Reportings

Das Reporting von Weiterbildung hat unter dem Deckmantel „Bildungscontrolling" in den meisten Unternehmen eine lange Tradition. In Weiterbildungs-Reportings finden sich vorrangig die als „die klassischen Kennzahlen der Weiterbildung" bekannten Input-daten.

Kennzahlen verdichten große, schwer überschaubare Datenmengen zu wenigen aus-sagekräftigen Größen. Sie reduzieren die komplexe Realität auf ihre wesentlichen Einflussgrößen und dienen dem Empfänger – in der Regel dem Management – sich möglichst schnell und präzise über ein spezifisches Aufgabenfeld zu informieren. Kenn-zahlen geben Aufschluss über das Geschehen in einem Unternehmen und erlauben es, anhand von „Fakten" objektivere Entscheidungen zu treffen.

Kennzahlen & Co.

Unter Kennzahlen versteht man absolute Zahlen und Verhältniszahlen, die in konzen-trierter Form über einen Tatbestand informieren.

Absolute Zahlen sind:

▓ Summen (z. B. Gesamtzahl der von PE betreuten Mitarbeiter)
▓ Differenzen (z. B. Anstieg der durchschnittlichen Trainertagessätze als Differenz zum Vorjahr)
▓ Mittelwerte (z. B. durchschnittliche Dauer der Weiterbildungsveranstaltungen)

Verhältniszahlen sind:

▓ Gliederungszahlen (z. B. Anteil der Führungskräfte an der Gesamtheit aller WB-Teilnehmer)
▓ Beziehungszahlen (z. B. Weiterbildungsanteil pro Organisationseinheit)
▓ Indexzahlen (z. B. Entwicklung der Weiterbildungstage im Vergleich der letzten fünf Jahre)

Kennzahlen sind in verschiedenen Unternehmensbereichen ein erprobtes Instrument zur Planung und Steuerung. Kennzahlen sind quantitative Daten über systemische Zustände.

Dieser Nutzen kann durch bestimmte Umstände eingeschränkt sein oder sogar un-möglich gemacht werden. Kennzahlen können nämlich auch trügen. Besonders bei der Erhebung, Analyse und Interpretation weicher Faktoren tritt die aus der empiri-schen Sozialforschung bestens bekannte selektive Wahrnehmung auf. Dies sind zum Beispiel der Pygmalion-Effekt, der Hawthorne-Effekt, der Halo-Effekt, die Tendenz zur Mitte, die Tendenz zum Extremwert oder die Ausblendung relevanter Erhebungsgrößen. Diese und andere Fehler führen dazu, die Realität verzerrt wahrzunehmen und unter Umständen suboptimale oder sogar falsche Steuerungsentscheidungen zu treffen.

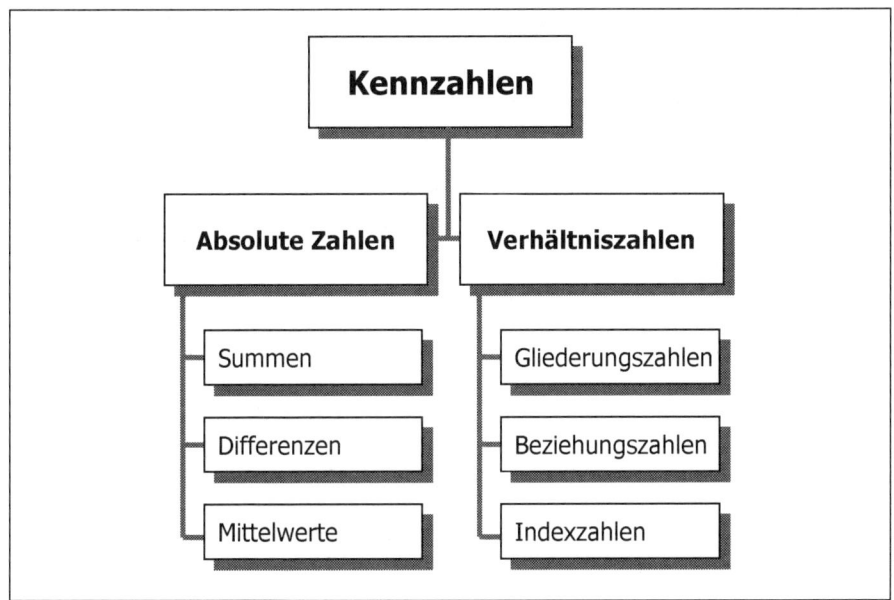

Abbildung 33: Arten von Kennzahlen

Wenn wir von Reporting sprechen, so ist die Darstellung in Kennzahlen die üblichste Form. Die „klassischen Kennzahlen der Weiterbildung" sind seit längerer Zeit hinlänglich bekannt. Allerdings täuscht der Begriff „klassisch", denn es handelt sich hierbei keineswegs um ein standardisiertes Set an Kennzahlen noch um ein standardisiertes Berechnungsmodell für einzelne Größen. Eine der Hauptursachen hierfür liegt in der heterogenen Struktur der Bereiche und Erfassungsgrundlagen der Bereiche für Rechnungswesen in den einzelnen Unternehmen. Die Entwicklung individueller Kennzahlen wird durch diese tiefe Verunsicherung und teilweise auch über die mangelnden betriebswirtschaftlichen Kenntnisse verstärkt. Dessen ungeachtet sind regelmäßig nach einem gleichen Verfahren erhobene Kennzahlen eine wertvolle Steuerungsgröße, auf die keinesfalls verzichtet werden sollte. Auch hier gilt der Grundsatz: Machbarkeit vor Wissenschaftlichkeit. Die Präsentation von Kennzahlen wiederum ist in zwei Strukturelemente unterteilt. Es umfasst die Darstellung von

▨ Kosten und
▨ Evaluationsergebnissen (Nutzen).

Kosten

Die Darstellung der Kosten sollte im Rahmen einer Weiterbildungsevaluation nicht allzu umfänglich ausgestaltet werden. Eine Darstellung der Gesamtinvestitionen, die Aufschlüsselung nach Kostengruppen und Themenkreisen ist sicherlich nicht verkehrt.

Der Anteil der Kostendarstellung sollte stets in einem angemessenen Verhältnis zu den Nutzenaspekten stehen. Über die Vielzahl der Weiterbildungsaktivitäten lässt sich nicht immer in gleichem Umfang ein entsprechender konkreter Nutzen gegenüberstellen. Der ein oder andere Vergleichswert (Umfang der Weiterbildungsinvestitionen pro Mitarbeiter, Anteil an den Bruttolohnkosten usw.) kann sich hier allerdings gewinnbringend auswirken. Die Kosten für Weiterbildung werden laut des Instituts für deutsche Wirtschaft den folgenden Positionen zugeordnet:

- Haupt- und nebenamtliches Personal (z. B. anteilige Löhne und Gehälter, Personalzusatzkosten)
- Kosten für interne Lehrveranstaltungen (z. B. Honorare, Reisekosten, Raumkosten, Materialien)
- Kosten für externe Lehrveranstaltungen (z. B. Seminargebühren, Reisekosten, Materialien)
- Kosten für Informationsveranstaltungen (z. B. Honorare, Reisekosten, Teilnahmegebühren)
- Kosten für sämtliche Aktivitäten des selbst gesteuerten Lernens (z. B. Bücher, Hard- und Software)
- Kosten für Umschulungsmaßnahmen (z. B. alle anfallenden Umschulungskosten abzüglich aller Zuschüsse)
- Sonstige Weiterbildungskosten (z. B. die Finanzierung von Stipendien, wissenschaftlichen Studien usw.)

Evaluationsergebnisse

Die Präsentation evaluierter Ergebnisse sollte überall da stattfinden, wo sich durch diese Information ein Mehrwert erzielen lässt. Der Mehrwert kann natürlich aus unterschiedlicher Perspektive definiert werden.

Die Darstellung des Notendurchschnittes aller Auszubildenden, die erstmalig an der Abschlussprüfung teilgenommen haben, kann einen interessanten Aufschluss über die Qualität der Ausbildung geben. Besonders schlagkräftig wird die Aussage im Vergleich mit allen Absolventen.

Die Dokumentation der Zufriedenheit der Teilnehmer mit den Seminaren sollte aufgrund der großen Datenmenge auf wenige – vielleicht besonders wichtige Seminare beschränkt werden oder als ein Gesamtdurchschnitt bekannt gegeben werden. Es bietet sich an, das Hauptaugenmerk auf das unternehmensinterne sowie das branchenübergreifende Benchmarking zu legen.

Maßgeschneidert oder von der Stange?

Klassische Kennzahlen haben den Vorteil, dass man sich mit anderen vergleichen kann. In der Praxis erweist sich dies allerdings eher als schwierig, da es nur sehr wenige frei zugängliche Vergleichswerte gibt und diese wenigen Quellen in ihrer Erstellung noch sehr umstritten sind. Man kann sagen: Im Bereich von Weiterbildung und Personalentwicklung gibt es praktisch so gut wie keine standardisierten Kennzahlen. Dennoch haben sich in Theorie und Praxis immer wieder einige ausgewählte Kennzahlenbereiche ausgebildet.

In Abbildung 34 finden Sie eine Auswahl weit verbreiteter Inhalte eines Weiterbildungs-Reportings.

Themengebiet	Kennzahl
Weiterbildungsinhalte	Anzahl der Veranstaltungen insgesamt Anzahl unterschiedlicher Veranstaltungen Durchschnittliche Veranstaltungsdauer Anteil Wiederholungsveranstaltungen ...
Teilnehmer	Anzahl Teilnehmer insgesamt Anzahl Trainingstage pro MA p. a. Verteilung der Trainingstage über Zielgruppen Anzahl Teilnehmer zu einzelnen Themenkreisen Anzahl Teilnehmer nach Standort, Ressort, o. Ä. Verhältnis Ist-Teilnahme zu gemeldeten Teilnehmern Veranstaltungsauslastung zu Veranstaltungsplanung Anteil Mitarbeiter ohne Weiterbildungsmaßnahme ...
Träger	Anzahl Trainings interner Trainer[1] Anteil Zeit interner Trainer Anzahl Trainings externer Trainer Anteil Zeit externer Trainer ...
Kosten	Gesamtkosten Anteile der einzelnen Kostenarten Anteil Weiterbildung an Bruttolohnkosten Weiterbildungsaufwand pro Mitarbeiter Verteilung der Trainingsbudgets auf Zielgruppen

Abbildung 34 – Seite 1: Auswahl klassischer Kennzahlen der Weiterbildung

---

[1] Interne Trainer sind in der Regel angestellte Mitarbeiter mit nebenamtlichem oder hauptamtlichem Trainingsauftrag. Externe Trainer stehen mittels Werk- oder Dienstleistungsvertrags in Beziehung zum Trainingsnachfrager.

Themengebiet	Kennzahl
Kosten	Verteilung der Budgets auf Themengebiete Weiterbildungsanteil pro Standort, Ressort o. Ä. Weiterbildungskosten pro Tag Kostenanteil Themenbereiche Durchschnittliche Kosten externer Trainer Anteil Reisekosten Durchschnittliche Kosten interne Trainer Verhältnis der Bildungsinvestition zur Ertragssteigerung o. Ä. ...
Evaluation	Teilnehmerzufriedenheit (Durchschnitt) Bestehensquote bei erstmalig abgelegter Prüfung Note im Vergleich zu allen Prüflingen Grad der individuellen Zielerreichung ...

Abbildung 34 – Seite 2: Auswahl klassischer Kennzahlen der Weiterbildung

Zur Sicherstellung der einheitlichen Definition – und der Vergleichbarkeit von Kennzahlen über einen Zeitraum hinweg – empfiehlt es sich, die eingesetzten Kennzahlen in einem Kennzahlenblatt zu dokumentieren.

Ein solches Kennzahlenblatt enthält neben der Bezeichnung und der Beschreibung einer Kennzahl u.a. den Zweck, für den die Kennzahl erhoben wird, die Datenquelle, die Erhebungszeitpunkte bzw. Erhebungszeiträume sowie einen Vorschlag zur Darstellung. In Abbildung 35 ist ein solches Kennzahlenblatt dargestellt.

Kennzahlenbezeichnung		Kennzahl-Nr.
Beschreibung/Formel		
Zweck der Kennzahlen		
Gliederungsmöglichkeit		
Erhebungszeitpunkt -zeitraum		
Alarmwert		
Normalwert		
Zielwert		
Datenquelle		
Darstellung		
Verwertung		

Abbildung 35: Kennzahlenblatt

Neben den klassischen Kennzahlen der Weiterbildung können Sie auch individuelle Kennzahlen für maßgeschneiderte Weiterbildungsmaßnahmen erstellen. Viele der dargestellten Kennzahlen sind mit Sicherheit sehr interessant, um zu dokumentieren, was in Sachen Personalentwicklung oder Weiterbildung im Unternehmen geschieht. Aussagen darüber, in welchen Organisationseinheiten oder Themengebieten prozentual welche Investitionen getätigt werden, sind das kleine Einmaleins des Bildungsreportings. Wenn der Transferproblematik keine Aufmerksamkeit geschenkt wird, bleibt jede noch so ausgeklügelte Kennzahl im Wesentlichen blutleere Statistik ohne Aussage zur Qualität betrieblicher Bildungsarbeit. Nicht jede Aktivität der Weiterbildung eignet sich aber, um eine entsprechende Aussage zu treffen. In der Regel sind die geeigneten Fälle eher im Bereich der Personalentwicklung anzusiedeln. Die konkreten Ziele und die daraus abgeleiteten Messgrößen erheben Sie stets im Rahmen Ihrer Auftragsanalyse. In Abbildung 36 finden Sie einige Gedankenanstöße, an welchen Messverfahren Sie überprüfen könnten, wie gut die Trainingsmaßnahme die Praxisanforderung gedeckt hat.

In vielen Unternehmen gibt es neben der klassischen Weiterbildung eine Konzentration auf wenige, für das Unternehmen wichtige Personalentwicklungs-Projekte. Hier kommen die maßgeschneiderten Kennzahlen zur Anwendung, die ganz besonders den Nutzenaspekt in den Vordergrund stellen. Maßgeschneiderte Kennzahlen haben den Vorteil, dass sie Aufschluss über den Erfolg einer ganz spezifischen Maßnahme geben.

Praxisproblem	Mögliche Datenquelle	Mögliche Trainingslösung
MA macht zu viele Überstunden	Zeitkonto des MA	Zeitmanagement
Wichtiges bleibt liegen	Zielvereinbarung zu Aufgabenerledigung	
Klima ist schlecht	Teamklimabefragung	Teamentwicklung
Ineffiziente Zusammenarbeit	Teamzielvereinbarung	
Nachwuchskräfte aus dem Markt schwer rekrutierbar	Sinkende Möglichkeit zur Gewinnung von externen FK	Führungskräfteentwicklung
Bedarf an Führungskräften in 1–2 Jahren	Anteil der neuen FK aus den eigenen Reihen	
Feinschliff an Kompetenzbereichen erforderlich, wie z. B. Führungskompetenz	360°-Feedback	Persönlichkeitsentwicklung
Projekte sind nicht in time	Projektstatistiken zu Zeit und Budgeteinhaltung	Projektmanagement
Projekte sind nicht in Budget		
Besprechungen dauern zu lange	Befragung der Besprechungsteilnehmer	Besprechungstechnik
Besprechungen sind nicht zielführend		
Es fehlt an Innovation	Zunahme an Innovation, kontinuierlicher Verbesserung, neuen Patenten usw.	Kreativitätstraining
Briefe werden von Kunden nicht verstanden	Steigerung der Kundenzufriedenheit	Korrespondenztraining
Rechtschreibung und Grammatik sind mangelhaft	MA-Zielvereinbarung zu Rechtschreibung und Grammatik	
Mangelnde Kundenzufriedenheit wegen schlechter Schreiben		
Verkauf entspricht nicht den Erwartungen	Verkaufsstatistiken	Verkaufstraining

Abbildung 36: Praxisherausforderungen, Datenquellen und Trainingslösung

Nutzen Sie die Arbeitshilfe in Abbildung 37, um in wenigen Schritten eine individuelle Kennzahl zu entwickeln.

Job-Aid

Maßgeschneiderte Kennzahlen entwickeln

Inhalt	
Zweck - Information - Planung - Steuerung - Kontrolle	*Bitte konkretisieren*
Beschreibung - Verbale Beschreibung - Mathematische Formel	*Bitte konkretisieren*
Wenn es diese Kennzahl nicht gäbe, würde Folgendes passieren ...	*Bitte konkretisieren*

Evaluation	
Fachliche Erfolgsbewertung auf der Ebene - Zufriedenheit - Lernen - Transfer - Output	*Bitte konkretisieren*
Ökonomische Erfolgsbewertung anhand - ROI - Amortisationsrechnung - Nutzenschätzung - Wertschätzung - ...	*Bitte konkretisieren*

Konsequenz	
- Welchen Wert finden wir heute vor (Wert und Datumsangabe)? - Welchen Zielwert streben wir an? Was ist zu tun, wenn der Zielwert erreicht ist? - Wie lautet der Normalwert? Was ist zu tun, wenn der Normalwert erreicht ist? - Ab wann ist ein alarmierender Wert erreicht? Was ist zu tun, wenn der Alarmwert erreicht ist?	*Bitte konkretisieren*

Abbildung 37 – Seite 1: Schema zur Entwicklung von Kennzahlen

Erhebung	
Zeit - Zeitpunkt - Zeitraum	*Bitte konkretisieren*
Datenquelle - Dokumentenanalyse - (Feld-)Beobachtung - Befragung - Interview - ...	*Bitte konkretisieren*
Arbeitshilfen - Welche Arbeitshilfen sollen verwendet werden? (z.B. Checkliste)	*Bitte konkretisieren*
Darstellung	
- Wo soll die Kennzahl dargestellt werden? (z.b. Jahresbericht) - Wie soll die Kennzahl dargestellt werden? (z.B. Kreisdiagramm)	*Bitte konkretisieren*

Abbildung 37 – Seite 2: Schema zur Entwicklung von Kennzahlen

In der Praxis hat sich immer wieder eine Mischung aus „Standard-" und maßgeschneiderten Kennzahlen als besonders erfolgversprechend herauskristallisiert.

5.2.4 Aufbau und Inhalt eines Personalentwicklungs-Reportings

Der weit verbreitete inputorientierte Ansatz des Weiterbildungs-Reportings wird um ein outputorientiertes Reporting von Personalentwicklungsaktivitäten ergänzt.

Die Personalentwicklung arbeitet normalerweise mit einer überschaubaren Zahl von Projekten, die in der Regel allesamt separat budgetiert sind. Dies erleichtert ganz erheblich die Erstellung des Reportings. Jedes einzelne Projekt ist grundsätzlich immer dem jeweiligen Auftraggeber zu reporten. Auch wenn wir Ihnen keine konkrete Seitenzahl zum Dokumentationsumfang pro Projekt vorgeben können, empfehlen wir erfahrungsgemäß, die Dokumentation überschaubar zu halten.

Sollten Sie in Ihrem Hause keine Reportingvorgabe vorfinden, so empfehlen wir Ihnen, jedes Projekt nach der folgenden Struktur zu dokumentieren:

1. Ausgangssituation und Zielsetzung

2. Maßnahmeplanung

3. Pädagogische Evaluation

4. Ökonomische Evaluation

1. Ausgangssituation und Zielsetzung

Beschreiben Sie so präzise und so kurz wie möglich die Ausgangssituation. Die Ausgangssituation umfasst die Darstellung der Ist-Situation und der eigentlich angestrebten Zielsetzung (Soll-Situation). Darüber hinaus sollte eine Beschreibung der vermuteten oder analysierten Ursachen für das Nichterreichen der Zielsetzung dokumentiert werden.

2. Maßnahmeplanung

Formulieren Sie knapp und so genau wie möglich, welche Maßnahmen Sie geplant haben und aus welchem Grund Sie sich für diese Maßnahme entschieden haben (z. B. die kostengünstigste Maßnahme).

3. Pädagogische Evaluation

Dokumentieren Sie hier im Wesentlichen Eckpunkte, auf welcher Ebene und mit welchem Verfahren Sie den Erfolg der Maßnahme evaluiert haben. Halten Sie sich dabei an die vier pädagogischen Evaluationsebenen.

4. Ökonomische Evaluation

Berechnen Sie den ökonomischen Wert der Zielerreichung. Verwenden Sie dazu eine geeignete Formel aus dem Abschnitt der ökonomischen Evaluation.

An der Stelle der Kontrolle von Kosten steht bei einem Reporting der Personalentwicklung der Blick auf den Ergebnisbeitrag konkreter Projekte im Vordergrund.

Fähigkeiten und Kenntnisse haben ein Verfallsdatum

Überall ist zu hören, dass das wichtigste Wirtschaftsgut das intellektuelle Kapital der Mitarbeiter ist. Und wir lesen ständig davon, dass weltweites Wissen einen exponentiellen Zuwachs erfährt. Das Gut „Lernen und Entwicklung" unterliegt nicht einer unbegrenzten Haltbarkeit im Sinne von Wertbeständigkeit, sondern muss vielmehr regelmäßig aktualisiert werden. Der Wert von Know-how ist in zwei, maximal drei Jahren „abgeschrieben".

Pro Organisationseinheit könnte eine Bildungsbilanz erstellt werden, bei der jeder Mitarbeiter einer abnehmenden Wertentwicklung unterliegt.

Eine solche Bildungsbilanz kann je nach Kultur einen Gesprächsanlass bieten, die kontinuierliche Wertentwicklung zu besprechen, oder bewirken, dass Führungskräfte die Umsetzung von erworbenen Kompetenzen einfordern, bevor sie „abgeschrieben" sind.

Bildungsinvestition

Für: _____   Von: Personalentwicklung_____

<small>Bereich, Abteilung o. Projekt</small>   <small>Abteilung</small>

_____   Herr Muster_____

<small>Name d. Kostenstellenverantwortlichen</small>   <small>Ansprechpartner</small>

Kostenstelle: _____   TT.MM.YYYY

Mitarbeiter	Maßnahme	Abschreibungs-zeitraum	Investition	Restwert
Müller, Alfons	Projektmanagement	3,0 Jahre	1.200 €	800 €
Meier, Berta	Präsentation	1,0 Jahre	600 €	300 €
Huber, Christa	Word	0,5 Jahre	300 €	0 €
...	...	...	...	...

Bildungsbilanzierende Gespräche sind zu führen mit den folgenden Mitarbeitern:

_____

_____

Abbildung 38: Bildungsbilanz

Praxistipp

Wenn Sie ein System Bildungscontrolling in Ihrem Unternehmen einführen wollen, können Sie sich an folgenden Fahrplan halten:

1. Verschaffen Sie sich Klarheit über den Zweck, den Sie mit dem Controlling verfolgen.

2. Rufen Sie einen Steuerkreis ins Leben.

3. Erarbeiten Sie geeignete Kennzahlen und eine Struktur für Ihr Berichtswesen.

4. Entwickeln Sie Evaluationsinstrumente für Ihren konkreten Bedarf.

5. Erstellen Sie einen Aktionsplan und halten Sie Abarbeitung nach.

6. Erläutern Sie den Empfängern, wie mit den Reportings verfahren werden kann.

7. Etablieren Sie ein regelmäßiges Berichtswesen.

Anhang

Seminarfeedback

Ihre Zufriedenheit ist uns wichtig!

Die Veranstaltung ist fast zu Ende. Uns interessiert, wie zufrieden Sie jetzt sind, wo die Eindrücke der Veranstaltung noch ganz frisch sind. Wir sind bemüht, die Qualität der internen Veranstaltungen ständig zu verbessern. Ihre Anregungen bilden dazu eine wichtige Grundlage.

Selbstverständlich werden Ihre Angaben von uns vertraulich behandelt.

Veranstaltung:	

Trainer:		Termin:	

Teilnehmer: (freiwillige Angabe)		Bereich: (freiwillige Angabe)	

1. Gesamtbeurteilung

	trifft voll zu	trifft eher zu	trifft eher nicht zu	trifft gar nicht zu
Ich bin mit dem Training zufrieden				

2. Organisation der Veranstaltung

	trifft voll zu	trifft eher zu	trifft eher nicht zu	trifft gar nicht zu
Ich bin mit der Organisation der Veranstaltung (Einladungsschreiben, Infomaterial etc.) zufrieden				
Ich bin mit den Räumlichkeiten, in der die Veranstaltung stattfindet, zufrieden				
Ich bin mit dem Zeitpunkt und der Dauer des Trainings zufrieden				
Ich bin mit der Teilnehmerzusammensetzung des Trainings zufrieden				

Ihre Anmerkungen

Seminarfeedback – Seite 2

3. Inhalte der Veranstaltung

	trifft voll zu	trifft eher zu	trifft eher nicht zu	trifft gar nicht zu
Die Inhalte waren nachvollziehbar strukturiert	☺	☺	☹	☹
Die Inhalte wurden verständlich „rübergebracht"	☺	☺	☹	☹
Die Inhalte des Trainings sind in meiner Praxis anwendbar	☺	☺	☹	☹

Ihre Anmerkungen

4. Trainer

	trifft voll zu	trifft eher zu	trifft eher nicht zu	trifft gar nicht zu
Der Trainer hat auf mich fachlich sehr kompetent gewirkt	☺	☺	☹	☹
Der Trainer verdeutlicht den Stoff mit Praxisbeispielen	☺	☺	☹	☹
Der Trainer hat verschiedene Medien (Flipchart, Folie, usw.) eingesetzt	☺	☺	☹	☹
Der Trainer hat in den Arbeitsformen (Plenum, Einzel-, Gruppenarbeit usw.) abgewechselt	☺	☺	☹	☹
Der Trainer hat ein angenehmes Arbeits- und Gruppenklima geschaffen	☺	☺	☹	☹

Ihre Anmerkungen

5. Sonstiges Feedback (Anregungen, Kritik, Lob, Fragen ...)

Seminarfeedback

Ihr Erfolg interessiert uns!

Die Veranstaltung ist nun seit einiger Zeit vorüber. Uns interessiert, wie nahe Sie Ihrem Lernziel schon gekommen sind und als wie praktisch sich die Inhalte des Seminars tatsächlich erwiesen haben. Ihre Anregungen helfen uns zur laufenden Verbesserung und Weiterentwicklung unserer Veranstaltungen.

Selbstverständlich werden Ihre Angaben von uns vertraulich behandelt.

Veranstaltung:			
Trainer:		Termin:	
Teilnehmer: (freiwillige Angabe)		Bereich: (freiwillige Angabe)	

Gesamtbeurteilung

	trifft voll zu	trifft eher zu	trifft eher nicht zu	trifft gar nicht zu
Im Nachhinein bin ich mit dem Training zufrieden	☺	☺	☹	☹

Inhalte der Veranstaltung

	trifft voll zu	trifft eher zu	trifft eher nicht zu	trifft gar nicht zu
Die Inhalte des Trainings sind in meiner Praxis anwendbar	☺	☺	☹	☹

Wer oder was hat Sie gehindert, die Inhalte des Seminars dauerhaft umzusetzen?

☐ Ich habe nicht wirklich etwas gelernt, was in meiner Praxis anwendbar ist
☐ Ich hatte bislang keine Gelegenheit, das Gelernte anzuwenden
☐ Ich war zu beschäftigt/es gab zu viele höhere Prioritäten
☐ Meine Führungskraft hat mich entmutigt
☐ Anderer Grund (bitte beschreiben) _____

Sonstiges

Seminarfeedback

Ihr Erfolg interessiert uns immer noch!

Die Veranstaltung ist nun rund 3 Monate vorüber. Die Praxis hat bewiesen, wie tauglich das Erlernte tatsächlich für Sie war. Bitte nehmen Sie sich die wenigen Minuten und beantworten Sie die wenigen Fragen. Ihre Anregungen helfen uns zur laufenden Verbesserung und Weiterentwicklung unserer Veranstaltungen.

Selbstverständlich werden Ihre Angaben von uns vertraulich behandelt.

Veranstaltung:			
Trainer:		Termin:	
Teilnehmer: (freiwillige Angabe)		Bereich: (freiwillige Angabe)	

Gesamtbeurteilung

	trifft voll zu	trifft eher zu	trifft eher nicht zu	trifft gar nicht zu
Abschließend betrachtet bin ich mit dem Training zufrieden	☺	☺	☹	☹

Inhalte der Veranstaltung

	trifft voll zu	trifft eher zu	trifft eher nicht zu	trifft gar nicht zu
Die Inhalte des Trainings sind in meiner Praxis anwendbar	☺	☺	☹	☹

Würden Sie jemandem in ähnlicher Situation, wie Sie damals waren, das Seminar empfehlen?

☐ Ja
☐ Bedingt
☐ Nein

Grund (bitte beschreiben) _____

_____

_____

Vielen Dank für Ihre Unterstützung

Transfersicherung – Seite 1

Ein gutes Training beginnt bereits vor der Veranstaltung

Und umgekehrt: Die „falsche" Veranstaltung kann den gewünschten Lernerfolg nicht fördern. Daher ist es wichtig, dass die Maßnahme mit den vorgegebenen Inhalten zu Ihren Bedürfnissen und Anforderungen passt.

Bitte beantworten Sie die folgenden Fragen. Ihre Angaben dienen zur Optimierung der Veranstaltung auf Ihre Bedürfnisse.

Umgehend nach Eingang des bearbeiteten Bogens in der Abteilung Personalentwicklung wird Ihre Anmeldung bearbeitet.

Seminartitel _____ Datum _____

1. Konkretisieren Sie Ihre Erwartungen an das Seminar:

Zu welcher Aufgabe oder Problemstellung erwarten Sie sich durch das Seminar ganz konkrete Anregungen, Informationen, Hilfestellungen etc.?

Bitte beschreiben Sie jetzt so präzise wie möglich: In welchen typischen Arbeitssituationen gab es Schwierigkeiten, die Sie zu diesem Seminarbesuch veranlassen?

Welchen Nutzen versprechen Sie sich von diesem Seminar?

Welche konkreten Ziele wollen Sie durch den Seminarbesuch erreichen? (Beispiel: Konflikte in Projekten rasch und konstruktiv lösen können)

Transfersicherung – Seite 2

2. Gehen Sie jetzt bitte die Seminarbeschreibung gemeinsam durch. Sind alle notwendigen Voraussetzungen für den Seminarbesuch erfüllt?

Welche Inhalte der Ausschreibung sind für Sie besonders interessant/wichtig?

Passt die Zielsetzung und Beschreibung des Seminars zu Ihren Erwartungen?

Wenn Sie unsicher sind, ob das Seminar Ihre Erwartungen erfüllen kann, fragen Sie bitte bei der Personalentwicklung nach.

3. Erstellen Sie eine Erwartungsliste, die Sie zum Seminar mitnehmen.

Überlegen Sie, welche Erwartungen Ihnen besonders wichtig sind und wie Sie diese im Seminar einbringen bzw. einfordern können.

Formulieren Sie konkrete Fragen, Probleme, Beispiele etc.

Datum, Name des Teilnehmers	Datum, Name der Führungskraft

Tipp: Nehmen Sie eine Kopie von diesem Bogen mit in die Veranstaltung.

Transfersicherung

Sehr geehrte Führungskraft,

wir wollen Ihnen helfen, die wichtigste Frage zu beantworten, die sich nach jeder Bildungsinvestition stellt: Inwiefern ist es gelungen, die Lerninhalte in das Tagesgeschäft zu übertragen und dauerhaft anzuwenden? Dieser Gesprächsleitfaden hilft Ihnen, Bilanz über die Umsetzungserfolge und Nachbesserungsbedarfe zu ziehen.

Es ist besonders wichtig, dass Sie dieses Gespräch mit Ihrem Mitarbeiter initiieren und ihn zur Übertragung des Gelernten in die Praxis anleiten.

Gesprächsleitfaden zum Umsetzungsgespräch mit Ihrem Mitarbeiter

Veranstaltung:			
Trainer:		Termin:	

Beachten Sie bitte die im Umsetzungsplan festgehaltenen Ziele Ihres Mitarbeiters.

1. Wie herausfordernd ist die Praxissituation, wegen der die Maßnahme besucht wurde, für den Mitarbeiter heute?
2. Wie ging es mit der Umsetzung der Ziele voran? Welche sind schon erreicht, welche noch nicht?
3. Welche konkrete Unterstützung können Sie als Führungskraft noch leisten, damit Ihr Mitarbeiter die Inhalte des Seminars dauerhaft umsetzen kann?
4. Ist das neu erlernte Wissen bereits den Kolleginnen und Kollegen vorgestellt worden? Falls nicht, wann kann das geschehen?

Datum, Unterschrift Mitarbeiter	Datum, Unterschrift Führungskraft

105

Transfersicherung

Ziehen Sie Bilanz

Sie haben viel Geld, Zeit und Engagement in die Umsetzung Ihrer Vorhaben gesteckt. Dieser Gesprächsleitfaden hilft Ihnen, eine abschließende Bilanz über die Umsetzungserfolge zu ziehen.

Veranstaltung:	

Trainer:		Termin:	

Beachten Sie bitte die im Umsetzungsplan festgehaltenen Ziele Ihres Mitarbeiters.

1. Wie wird die Praxissituation, wegen der die Maßnahme besucht wurde, heute bewältigt?

2. Konnten alle Ziele und Vorhaben umgesetzt werden?

3. Hat es sich „gelohnt"?

Datum, Unterschrift Mitarbeiter   Datum, Unterschrift Führungskraft

Transfersicherung

Letter-to-myself

Lieber Seminarteilnehmer,

schreiben Sie jetzt bitte einen Brief an sich selbst – so als würden Sie einem guten Freund schreiben, dem Sie die wichtigsten Erfahrungen aus dieser Veranstaltung mitteilen wollen.

Schreiben Sie ihm auch, wie Sie sich fühlen und was Sie vorhaben, welche Erwartungen Sie haben und was Sie beim nächsten Treffen gerne mit ihm besprechen wollen, was Sie unbedingt erzählen wollen.

Stecken Sie dieses Schreiben dann in ein Kuvert und adressieren Sie es an sich selbst. Der Brief wird Ihnen, dann nach einiger Zeit zugesandt, um Sie an das Seminar zu erinnern.

Transfersicherung

Vertrag mit sich selbst

Jeder Mensch hat Ideen oder ist von irgendetwas begeistert und möchte manchmal am liebsten alles sofort ändern. Oft bleibt es bei diesem guten Vorsatz.

Es hat sich in der Praxis als hilfreich erwiesen, einen Vertrag mit sich selbst abzuschließen und sich somit freiwillig zu verpflichten, das umzusetzen, von dem man überzeugt ist.

Der Vertrag dient dazu, sich immer wieder an dieses Ziel zu erinnern.

Wir wünschen einen guten Vertragsabschluss!

Hiermit verpflichte ich mich, folgende Ideen umzusetzen:

Bei auftretenden Schwierigkeiten werde ich umgehend Folgendes tun:

Der Vertrag ist dann erfüllt, wenn folgende Situation eingetreten ist (genau beschreiben):

Zum Abschluss des vertraglich vereinbarten Veränderungsvorhabens gönne ich mir dann:

_____

Datum, Unterschrift

Checkliste

Die Nachhaltigkeit von Trainings und Seminaren sicherstellen

Seminartitel _____ Datum _____

Stellen Sie sicher, dass Sie die folgenden Fragen mit „Ja" beantworten können.
Bei einer „Nein"-Antwort überlegen Sie sich bitte geeignete Korrektur-
maßnahmen und tragen diese in der Checkliste ein.

	Ja ☑	Nein ☒	Was noch erledigt werden muss
Gibt es einen namentlichen Auftraggeber für das Training?			
Ist der zugrunde zu legende Geschäfts- oder Performance-Bedarf erhoben?			
Besteht Einigkeit darüber, dass eine Bildungsmaßnahme die angemessene Lösung ist?			
Herrscht Einvernehmen über die zu erreichenden Lernziele?			
Ist die Notwendigkeit der Unterstützung durch die Führungskräfte vereinbart?			
Ist vereinbart worden, dass Transfer-hemmnisse der Arbeitsumgebung beseitigt werden?			
Besteht Einigkeit über die Art und den Umfang der Erfolgskontrolle?			
Ist geklärt, wer in welchem Umfang die Ergebnisse der Erfolgskontrolle erhält?			
Wissen die Empfänger der Ergebnisse, was sie mit diesen Informationen anfangen sollen?			

Job-Aid

Maßnahme- und Ergebnisblatt

Seminartitel _____ Datum _____

Nicht der Weg, sondern das Ziel ist das Ziel! Prüfen Sie die geplante Maßnahme oder Aktivität auf das zu erreichende Endergebnis mit der folgenden Arbeitshilfe.

Maßnahme Ich will Folgendes tun ...	Endergebnis Um Folgendes zu erreichen ...

Job-Aid

Veränderungen messen

Seminartitel _____ Datum _____

Zur Evaluierung Ihrer Maßnahme benötigen Sie eine Vorher-Nachher-Messung. Halten Sie nur die relevanten Beobachtungsdaten für Ihre Maßnahme auf dieser Arbeitshilfe fest. Idealerweise führen Sie die Messung oder Beobachtung zu mehreren Zeitpunkten durch oder Sie lassen sich von einem Kollegen eine weitere unabhängige Beobachtung erstellen.

Messen bzw. beobachten Sie den gleichen Gegenstand nach der Maßnahme noch einmal.

	Vor der Maßnahme	Nach der Maßnahme
Produktion		
Fertigungszeit (min)		
Fertigungsmenge (Stück)		
Fehlerfrei gefertigte Menge (%)		
...		
...		
Verkauf		
Anzahl der Kundengespräche		
Anzahl der Neuverträge		
Anzahl der Vertragsstornierungen		
...		
...		
Verwaltung		
Anzahl der bearbeiteten Vorgänge		
Dauer einer den Fall abschließenden Bearbeitung		
Kundenzufriedenheit lt. Index		
...		
...		
Sonstige		
...		
...		
...		
...		
...		

Abbildungsverzeichnis

Stichwortverzeichnis

Literaturverzeichnis

Vom Schlechten kann man nie zu wenig – das Gute nie zu oft lesen.
Arthur Schopenhauer – deutscher Philosoph

ASCHENDORF, MARKUS/BARTEL, ERICH/KÜHLMANN, DR. THORSTEN: Nutzenbestimmung von Maßnahmen zur Personalentwicklung als Bestandteil des Personalcontrolling, S. 68 ff., in PERSONALFÜHRUNG 8/98

BARTRAM, SHARON/GIBSON, BRENDA: Evaluieren von Trainingsmaßnahmen. Training Media, Kronberg, 1999

BESSER, RALF: Transfer: Damit Seminare Früchte tragen. Beltz Verlag, Weinheim und Basel, 2001

BLOCK, PETER: Erfolgreiches Consulting. Willhelm Heyne Verlag GmbH & Co. KG, München, 2000

COSCARELLI, WILLIAM C.C./SHROCK SHARON: Criterion Referenced Test Development. Harpercollins, 1989

EICHER, HANS: Goldgrube statt Millionengrab. Ueberreuther Verlag, Wien und Frankfurt, 1997

EINSIEDLER/HOLLSTEGGE/JANUSCH/BREUER: Organisation der Personalentwicklung. Hermann Luchterhand Verlag GmbH, Neuwied, 1999

FREDERSDORF, FREDERIC: Kennzahlen im Personalwesen – Sind menschliche Qualitäten messbar? In Bernhard/Hoffschröer (Hrsg.) – Report Balanced Scorecard – Strategien umsetzen, Prozesse steuern, Kennzahlensysteme entwickeln. Düsseldorf, 2001

FEUCHTHOFEN, JÖRG E./SEVERING, ECKHART (Hrsg.): Qualitätsmanagement und Qualitätssicherung in der Weiterbildung. Luchterhand, Neuwied, 1995

GERLICH, PETRA: Controlling von Bildung, Evaluation oder Bildungs-Controlling. Rainer Hampp Verlag, München und Mering, 1999

GILBERT, THOMAS F.: Human Competence – Engineering Worthy Performance. Tribute Edition, ISPI New York, 1996

HARRAMACH, NIKI: TEK – TrainingsErfolgsKontrolle. Verlag Neuer Merkur GmbH, München, 1995

HENSCHEL, HENNING/WELPE, INGELORE: Wilderness Experience. Signum Wirtschaftsverlag, Wien, 2002

Hernstein International Management Institute (Hrsg.): Hernsteiner aktuell – What's PE today. Wien, 2001

HUMMEL, THOMAS R.: Erfolgreiches Bildungscontrolling – Praxis und Perspektiven. Sauer-Verlag, Heidelberg, 1999

KAPLAN, ROBERT S./NORTON, DAVID P.: Balanced Scorecard – Schäffer-Poeschel. Stuttgart, 1997

KIRCKPATRICK, DONALD L.: Evaluating Training Programs. Second Edition, Berrett-Koehler Publishers, Inc., San Francisco, 1998

KREKEL, ELISABETH M./SEUSING, BEATE (Hrsg.): Bildungscontrolling – ein Konzept zur Optimierung der betrieblichen Weiterbildung. Bertelsmann, Bielefeld, 1999

LANG, KARL: BildungsControlling Personalentwicklung effizient planen, steuern und kontrollieren. Linde Verlag, Wien, 2000

Landesgewerbeamt Baden-Württemberg (Hrsg.): Qualität in der beruflichen Bildung. Stuttgart, o. J.

MAGER, DR. ROBERT F.: What every Manager should know about training. Center for Effective Performance Inc., Second Edition, Atlanta Georgia, 1999

MENTZEL, DR. WOLFGANG: Personalentwicklung. Deutscher Taschenbuch Verlag, München, 2001

MÜNCH, JOACHIM: Personalentwicklung als Mittel und Aufgabe moderner Unternehmensführung. W. Bertelsmann Verlag GmbH, Bielefeld, 1995

N.N.: ASTD-Studie: Fortbildung steigert die Gewinne, S. 64, in PERSONALFÜHRUNG 8/98

N.N.: Personaler kauft Aktien, in Training aktuell, S.1, 12. Jahrgang Nr. 2/2001

N.N.: Produktiv mit Training – PERSONALmagazin, S. 78, Ausgabe 10/2002

PHILLIPS, JACK J./STONE, RON: How to measure training results. McGraw-Hill, New York, 2002

ROBINSON, DANA G./ROBINSON, JAMES C.: Performance Consulting – Moving Beyond Training. San Francisco, Berret-Koehler, 1996

RUMMLER, GEARY A./BRACHE, ALAN P.: Improving Performance How to manage the White Space on the Organization Chart. Second Edition, Jossey-Bass, San Francisco, 1995

SCHWAAB, MARKUS-OLIVER: Strukturierte Auswahl externer Trainer. Rainer Hampp Verlag, München und Mering, 2002

SIEBER BETHKE, FRANK: Performance Improvement durch Personalentwicklung, S. 109 ff. in Schwuchow/Gutmann (Hrsg.) – Jahrbuch der Personalentwicklung und Weiterbildung 2001/2002, Herrmann Luchterhand Verlag, Neuwied, 2001

SIEBER BETHKE, FRANK/STREICHER, MICHAEL: Soft Skills – Band 3. Medien-Institut Bremen, April 2002

STIEFEL, ROLF TH.: Lektionen für die Chefetage. Klett-Cotta, Stuttgart, 1996

STIEFEL, ROLF TH.: Innovationsfördernde Personalentwicklung in Klein- und Mittelbetrieben. Hermann Luchterhand Verlag GmbH, Neuwied, 1991

Süddeutsche Zeitung (Hrsg.): Bildungscontrolling in der betrieblichen Personalentwicklung. Süddeutscher Verlag, München, 1996

VON LANDSBERG, GEORG/WEISS, REINHOLD (Hrsg.): Bildungscontrolling. 2., überarbeitete Auflage, Schäffer Poeschel Verlag, Stuttgart, 1995

Windmühle GmbH (Hrsg.): WORKBOOK. Windmühle GmbH Verlag und Vertrieb von Medien, Hamburg, o. J.

ZIMBARDO, PHILIP G.: Psychologie. 5., neu übersetzte und bearbeitete Auflage, Springer Verlag, Augsburg, 1992